G

Ces sui iurauit de la cort sauble
Si q̄ nul home ne sasantble
Ne sent uert co ostel senua
one sa mesuier nota
 recomande a nette fasete
 suen escauer apste
ne ilnis color nule rien

Pariser handschrift nr 73, Cangé, blatt 82ᵇ.

Li romans Dou chevalier au Lyon

par ~~ch~~ Crestien de Troies

Publié par le Docteur Guillaume Louis Holland.

Hanovre,
C. Rümpler,
1862.

LI ROMANS

DOU

CHEVALIER AU LYON

VON

CRESTIEN VON TROIES

HERAUSGEGEBEN

VON

Dr WILHELM LUDWIG HOLLAND,

AUSSERORDENTLICHEM PROFESSOR DER DEUTSCHEN UND ROMANISCHEN PHILOLOGIE AN DER UNIVERSITÄT ZU TÜBINGEN, ORDENTLICHEM MITGLIEDE DER BERLINISCHEN GESELLSCHAFT FÜR DEUTSCHE SPRACHE, CORRESPONDIERENDEM MITGLIEDE DER AKADEMIE DER WISSENSCHAFTEN, KÜNSTE UND SCHÖNEN LITTERATUR ZU CAEN, MITGLIEDE DER GESELLSCHAFT FÜR NIEDERLÄNDISCHE LITTERATUR IN LEYDEN U. S. W.

HANNOVER.

CARL RÜMPLER.

1862.

KARL GÖDEKE, PAUL HEYSE,

CONRAD HOFMANN

GEWIDMET.

VORWORT.

Li romans dou chevalier au lyon von Crestien von Troies ist in einer genießbaren bearbeitung eines guten textes bis jetzt nicht vollständig herausgegeben worden, obwol der altfranzösische dichter unserer beachtung, unserer hochschätzung in mehr als einem sinne würdig erscheint. Haben doch seine zahlreichen werke, wie sie in der literatur der trouveres eine hervorragende stelle einnehmen, auch gefeierten meistern der mittelhochdeutschen poesie manchfache anregung gebracht, hat doch unser vielgepriesener Hartmann von Aue Crestiens Löwenritter auch in unsere heimat geführt!

Der text des Yvain, den ich nun biete, beruht auf einer von mir selbst genommenen abschrift der vorzüglichen Pariser handschrift nr 73, Cangé, derselben, nach welcher Jonckbloet Crestiens Roman de la charrete veröffentlicht hat. Von anderen Pariser handschriften habe ich nr 210, suppl. franç., teilweise vergleichen, nr 27, Cangé, wenigstens für einzelne stellen nachsehen können. Ich habe diese drei handschriften mit A, B, C bezeichnet. Außer diesen handschriftlichen hilfsmitteln habe ich auch dasjenige berücksichtigt, was durch A. v. Keller und lady Guest zugänglich gemacht worden ist. Wo ich den text von A verlaßen zu müßen glaubte, habe ich es stets in den anmerkungen, in welche ich auch bedeutendere abweichungen von A aufgenommen habe, angezeigt. Es ist nicht allzuhäufig der fall gewesen; denn in demselben, wenn nicht noch höherem maaße mag von A gelten, was

I. Bekker von derjenigen handschrift sagt, welche er seiner ausgabe des Erec zu grunde gelegt hat: „sie scheint den text, nach einer leichten und unbedenklichen nachbeßerung, so lesbar zu geben, daß nur für wenige verse noch einsicht der übrigen handschriften zu wünschen bleibt." Möchte meine arbeit denjenigen meiner vorgänger Jonckbloet und Bekker sich anreihen dürfen!

Einer auseinandersetzung über Crestien von Troies, seine dichtungen überhaupt und den Roman dou chevalier au lyon ins besondere, so wie die vorhin genannten handschriften und andere, von welchen ich kunde habe, bin ich hier billig überhoben. Es ist mir wol erlaubt, statt alles weiteren lediglich auf mein buch „Crestien von Troies. Eine literaturgeschichtliche untersuchung. Tübingen. 1854. 8." namentlich s. 148—194, zu verweisen und mich mit der einzigen nachträglichen bemerkung zu begnügen, daß eine im besitze seiner königlichen hoheit des herzogs von Aumale befindliche, dem 12. oder 13. jahrhundert angehörige handschrift unter anderem auch Crestiens Erec, Chevalier de la charrete, diesen jedoch unvollständig, wie es scheint, und unseren Chevalier au lyon enthält.

Tübingen, 16. juli 1861.

W. L. Holland.

Von dem herausgeber sind früher erschienen:

1. Zwölf thesen, welche den 26. nov. 1847, vormittags 11 uhr, öffentlich verteidigen wird Dr W. L. Holland. Tübingen, gedruckt bei Ludw. Friedr. Fues. 8.
2. Über Crestiens de Troies und zwei seiner werke, von Dr Wilhelm Ludwig Holland. Tübingen, gedruckt bei Ludwig Friedrich Fues. 1847. 8.
3. Lieder Heinrichs, grafen von Wirtenberg, herausgegeben von W. Holland und A. Keller. Tübingen, gedruckt bei Ludwig Friedrich Fues. 1849. 8.
4. Ein Lied von Marcabrun, als Beitrag zur Göthelitteratur am 28. August 1849 herausgegeben von W. Holland und A. Keller. Tübingen, gedruckt bei Ludw. Friedr. Fues. 1849. 8.
5. Zur geschichte Castiliens. Bruchstücke aus der chronik des Alonso de Palencia, herausgegeben von Dr Wilhelm Ludwig Holland, ordentlichem mitgliede der berlinischen gesellschaft für deutsche sprache, correspondierendem mitgliede der académie des sciences, arts et belles-lettres zu Caen. Tübingen, gedruckt bei Ludw. Friedr. Fues. 1850. 8.
6. Die lieder Guillems IX, grafen von Peitieu, herzogs von Aquitanien, herausgegeben von Wilhelm Holland und Adelbert Keller. Zweite ausgabe. Tübingen, druck und verlag von L. F. Fues. 1850. 8.
7. Meister Altswert, herausgegeben von W. Holland und A. Keller. Stuttgart, gedruckt auf kosten des litterarischen vereins. 1850. 8. (Bibliothek des litterarischen vereins in Stuttgart. XXI.)
8. Der abenteuerliche Simplicissimus. Versuch einer ausgabe nach den vier ältesten drucken, von Dr W. L. Holland, ordentlichem mitgliede der berlinischen gesellschaft für deutsche sprache, correspondierendem mitgliede der academie der wißenschaften, künste und schönen litteratur zu Caen. Tübingen, gedruckt bei H. Laupp, d. j. 1851. 8.
9. Crestien von Troies. Eine literaturgeschichtliche untersuchung von Dr W. L. Holland, außerordentlichem professor der germanischen und romanischen philologie an der universität zu Tübingen, ordentlichem mitgliede der berlinischen gesellschaft für deutsche sprache, correspondierendem mitgliede der akademie der wißenschaften, künste und schönen literatur zu Caen. Tübingen, verlag und druck von L. F. Fues. 1854. 8.

10. Die schauspiele des herzogs Heinrich Julius von Braunschweig, nach alten drucken und handschriften herausgegeben von Dr Wilhelm Ludwig Holland, außerordentlichem professor der deutschen und romanischen philologie an der universität zu Tübingen, ordentlichem mitgliede der berlinischen gesellschaft für deutsche sprache, correspondierendem mitgliede der akademie der wißenschaften, künste und schönen litteratur zu Caen, secretär des litterarischen vereins in Stuttgart. Stuttgart. Gedruckt auf kosten des litterarischen vereins. 1855. 8. (Bibliothek des litterarischen vereins in Stuttgart. XXXVI.)
11. La estória de los siete infantes de Lara, aus der Crónica general de España herausgegeben von Wilhelm Ludwig Holland. Tübingen. In zweihundert exemplaren auf kosten des herausgebers gedruckt bei H. Laupp. 1860. 8.
12. Das buch der beispiele der alten weisen, nach handschriften und drucken herausgegeben von Dr Wilhelm Ludwig Holland, außerordentlichem professor der deutschen und romanischen philologie an der universität zu Tübingen, ordentlichem mitgliede der berlinischen gesellschaft für deutsche sprache, correspondierendem mitgliede der akademie der wißenschaften, künste und schönen litteratur zu Caen, mitgliede der gesellschaft für niederländische litteratur in Leyden u. s. w. Stuttgart. 1860. 8. Gedruckt auf kosten des litterarischen vereins nach beschluß des ausschußes vom juni 1860. (Bibliothek des litterarischen vereins in Stuttgart. LVI.)

Artus, li boens rois de Bretaingne, Bl. 79ᵈ·
La cui proesce nos enseigne,
Que nos soiens preu et cortois,
Tint cort si riche come rois
5 A cele feste, qui tant coste,
Qu'an doit clamer la pantecoste;
*

1. So auch unten, z. 3899: A là cort le boen roi Artu. Man vergleiche zu z. 1 mein buch über Crestien von Troies, s. 166 —168. In der chronik des Phelippe Mouskes, z. 8862—67, sagt Karl der große:

    Artus, li bons rois de Bretagne,
    Si com l'estore nos ensagne,
    Sans faire plainte et lonc sejor
    Moru d'armes a poi de jour
    Apries Gawain, son cier neveu,
    Le sage, le courtois, le preu.

Man sehe: Chronique rimée de Philippe Mouskes, publiée par le baron de Reiffenberg. I. Bruxelles. 1836. 4. s. 347. 348. — Zeile 1—646 findet man nach der vaticanischen handschrift in: Li romans dou chevalier au leon. Bruchstücke aus einer vaticanischen handschrift, herausgegeben von Adelbert Keller. Tübingen. 1841. 8. s. 1—19. Eine auf grund der genannten handschrift, übrigens unter steter benützung anderer hilfsmittel, ausgeführte bearbeitung derselben abteilung unseres gedichtes gibt: Adelbert Keller, Romvart. Beiträge zur kunde mittelalterlicher dichtung aus italiänischen bibliotheken. Mannheim und Paris. 1844. 8. s. 513—536. Man vergl. ebendas. s. 512. 513. — Zu z. 1—172 vergl. Hartmann, z. 31—258.

5. 6. Vergl. Crestien von Troies, s. 149. 150. 168. Gottfrieds von Monmouth Historia regum Britanniae, mit literarhistorischer einleitung und ausführlichen anmerkungen, und Brut Tysylio, altwälsche chronik in deutscher übersetzung, herausgegeben von San-Marte. Halle. 1854. 8. s. 362. Édélestand Du Méril, Floire et Blanceflor. Paris. 1856. 8. s. LXXXIII.

Li rois fu a Carduel en Gales.
Apres mangier parmi ces sales
Cil chevalier s'atropelerent
10 La, ou dames les apelerent
*
7. Carduel. Vergl. F. H. v. der Hagen, Minnesinger. IV. Leipzig. 1838. 4. s. 570. Crestien von Troies, s. 168, anm. 2. San-Marte, a. a. o., s. 237. 238. 387.

8. Nach San-Marte, a. a. o., s. 393. 394, hätten wir das vorbild, welchem Crestien für die schilderung des gehabens der ritter bei dem hoffeste des Artus gefolgt, in Gottfried von Monmouth zu suchen. „Fast wörtlich, sagt San-Marte, s. 393, gibt cap. 14. Crestien de Troies im Chevalier au lion wider." Ich kann diese behauptete übereinstimmung zwischen Galfredi Monumetensis historiae regum Britanniae liber ix, caput xiv, und dem Chevalier au lyeon nicht finden. Doch man urteile selbst. Das erstere lautet: „Refecti tandem epulis, diversi diversos ludos composituri campos extra civitatem adeunt. Mox milites simulacrum praelii ciendo, equestrem ludum componunt: mulieres in edito murorum aspicientes, in curiales amoris flammas amore joci irritant. Alii telis, alii hasta, alii ponderosorum lapidum jactu, alii saxis: alii aleis, caeterorumque jocorum diversitate contendentes, quod diei restabat, postposita lite, praetereunt. Quicunque vero ludi sui victoriam adeptus erat, ab Arturo largis muneribus ditabatur. Consumptis ergo primis in hunc modum diebus tribus, instante quarto vocantur cuncti, qui ipsi propter honores obsequium praestabant, et singuli singulis possessionibus, civitatibus videlicet atque castellis, archiepiscopatibus, episcopatibus, abbatiis, caeterisque honoribus donantur." — Eher noch ließe sich diesem capitel folgende stelle aus unseres dichters Conte d'Erec, li fil Lac, vergleichen:

z. 342 Ou chastel molt grant ioie auoit
De cheualiers et de puceles;
Qu' assez en i auoit de beles.
345 Li un paissoient par ces rues
Espreuiers et faucons de mues,
Et li autre portoient fors
Terceus oistors muez et sors.
Li autre ioient d'autre part
350 Ou a la mine ou a hasart,
Cil as eschas et cil as tables.
Li uallet deuant ces estables
Torchent les cheuax et estrillent.
Les dames es chambres s'atillent.

Ou dameiseles ou puceles;
Li un recontoient noveles,
Li autre parloient d'amors,
Des angoisses et des dolors
15 Et des granz biens, qu'orent sovant
Li deciple de son covant,
Qui lors estoit molt dolz et buens;
Mes or i a molt po des suens,
Qu'a bien pres l'ont ja tuit lessiee;
20 S'an est amors molt abessiee;
Car cil, qui soloient amer,
Se feisoient cortois clamer
Et preu et large et enorable;
Or est amors tornee a fable,
25 Por ce que cil, qui rien n'en santent,
Dient, qu'il aiment, mes il mantent,
Et cil fable et manconge an font,
Qui s'an vantent et droit n'i ont.
Mes or parlons de cez, qui furent,
30 Si leissons cez, qui ancor durent!

*

Vergl. Des Chrestien von Troyes Erec und Enide, herausgegeben von Immanuel Bekker. (in: M. Haupt, Zeitschrift für deutsches altertum. X. Berlin. 1856. 8. s. 382.) Die spiele, welcher hier, aber nicht im eingange unseres Chevalier au lyeon, gedacht ist, werden auch sonst oft genug erwähnt, so z. b. von Denis Piramus in seinem Roman de Partenopex de Blois:

z. 10564 Apres se juent liement
Li un as eschies et as tables,
Li autre oent cançons et fables,
Alquant a le mine et as deis
Gaaignent et perdent asses.

S.: Partonopeus de Blois, publié pour la première fois, d'après le manuscrit de la bibliothèque de l'arsenal u. s. w. par G. A. Crapelet, imprimeur. Paris. 1834. 8. II. s. 189. Crestien von Troies, s. 247. 248. — In der geschichte des castellans von Coucy heißt es:

z. 479 As tables vont aucuns jouer,
O aus esches pour deporter.

Man vergl. auch Crestiens Roman del chevalier de la charrete (ausgabe von Jonckbloet, s. 68), z. 1635—1648.

24. Vergl. unten, z. 5384—5388.

Car molt valt mialz, ce m'est avis,
Uns cortois morz, c'uns vilains vis.
Por ce me plest a reconter
Chose, qui face a escouter,
35 Del roi, qui fu de tel tesmoing,
Qu'an en parole et pres et loing;
Si m'acort de tant as Bretons,
Que toz jorz durra li renons
Et par lui sont amenteu
40 Li boen chevalier esleu,
Qui a enor se traveillierent. Bl. 79e.
Mes cel jor molt se merveillierent

*

32. Vergl. Crestien von Troies, s. 169, anm. 1.

41. Vergl. F. H. v. d. Hagen, Minnesinger. IV. s. 269. 270. Crestien von Troies, s. 169. 170, anm. 2. Wie hier (und dieser stelle entsprechend unten, z. 5386—5388) Crestien frühere zeiten preist und die gegenwart tadelt, so wirft unter anderen auch Aime de Varennes in seinem wahrscheinlich 1188 gedichteten Roman de Florimont, bevor er auf seinen gegenstand eingeht, einen blick auf die rühmlichere vergangenheit, welche die gesunkene mitwelt übertreffe. Vergl. P. Paris, Les manuscrits françois de la bibliothèque du roi. III. Paris. 1840. 8. s. 18. — Das nemliche lob, dieselbe klage vernehmen wir auch im Roman de la poire. Es spricht hier Li diex d'amours:

Trop est cist siecles empiriez.
Jadis suelent estre trove
Leal amant et esprove,
Douz et gentil et afetie,
Sans traison et sans feintie;
Mes or est tele la costume,
Li uns poile, li autres plume.
Si n'aiment mes fors que por prendre.
. . . .
Amors defaut, amors decline;
Car tuit li bon vont defaillant;
Li cortois, li preu, li vaillant
Apeticent et aminuisent;
Et cil, qui grievent et qui nuisent,
Croissent toz jorz et montiplient.
Cil qui leur amor entroblient,
Itel sont mes a bien pres tuit,

Del roi, qui eincois se leva,
Si ot de tex, cui molt greva
45 Et qui molt grant parole an firent
Por ce, que onques mes nel virent
A si grant feste an chanbre antrer
Por dormir ne por reposer;
Mes cel jor ensi li avint,
50 Que la reine le detint,
Si demora tant delez li,
Q'il s'oblia et endormi.
A l'uis de la chanbre defors
Fu Didonez et Sagremors
55 Et Kex et mes sire Gauvains
Et si i fu mes sire Yvains
*
Qui des dames ont le deduit;
Puis si les lessent esbahies,
Desconseilliees et trahies. u. s. f.

Man sehe diese stelle in: Histoire littéraire de la France. XXII. Paris. 1852. 4. s. 873. Über den Roman de la poire vergl. man Crestien von Troies, s. 15. 53. 274, und meine inhaltsangabe in: Jahrbuch für romanische und englische literatur, unter besonderer mitwirkung von Ferdinand Wolf herausgegeben von Adolf Ebert. II. Berlin. 1860. 8. s. 365—368.

50. Mit namen nennt Crestien die königin nachher, z. 6166.

54. Didonez et Sagremors. Eine nähere bezeichnung dieser beiden genoßen des Artus gibt Crestien in seiner dichtung von Erec, wo er eine menge von rittern der tafelrunde nennt. (Man vergl. die ausgabe von Bekker, s. 416. 417; man sehe diese stelle ferner in: Erec, eine erzählung von Hartmann von Aue, herausgegeben von Moriz Haupt. Leipzig. 1839. 8. s. x—xii. Tristan, recueil de ce qui reste des poëmes relatifs à ses aventures ... par Francisque Michel. III. Londres. Paris. 1839. 8. s. xxi. xxii.) Der erstere heißt hier z. 1688 Dodinez li sauvages, der zweite z. 1721 Sagremors li desreez und z. 2229 uns chevaliers de molt grant pris. Den beinamen des letzteren erklärt Crestien in seinem Conte del graal:
Sagremors, qui par son desroi
Estoit desreez apelez.
Vergl. San-Marte, Die Arthursage. Quedlinburg und Leipzig. 1842. 8. s. 229. — Einen bruder des Didonez, Taurîân, erwähnt Wolfram von Eschenbach, im Parzival 271. 12. Man vergl. Wolf-

Et avoec ax Qualogrenanz,
Uns chevaliers molt avenanz,
Qui lor a comancie un conte,
60 Non de s'annor, mes de sa honte.
Que que il son conte contoit,
Et la reine l'escoutoit,
Si s'est delez le roi levee
Et vient sor ax tot acelee,
65 Qu' ainz, que nus la poist veoir,
Se fu lessiee entr' ax cheoir.
Fors que Calogrenanz sanz plus
Sailli an piez contre li sus;
Et Kex, qui molt fu ranponeus,
70 Fel et poignanz et venimeus,

*

ram von Eschenbach, herausgegeben von Karl Lachmann. Berlin. 1833. 8. s. 134. Iwein, eine erzählung von Hartmann von Aue, mit anmerkungen von G. F. Benecke und K. Lachmann. Zweite ausgabe. Berlin. 1843. 8. s. 320 zu z. 4696.

57. Qualogrenanz. Vergl. Crestien von Troies, s. 57. 178.

60. Ähnlich sagt Pierre Gencien in seinem Tornoiement as dames de Paris (in: A. Keller, Romvart, s. 397, 24.25):
ja de mot n'en mentirai,
Tout soit ce m'onneur ou ma honte.

66. Genau dieselbe wendung gebraucht Hartmann, z. 104: und viel enmitten under sî. — Ebenso heißt es in dem mittelniederländischen roman von Ferguut:
z. 32 Die coninc is comen binnen dien
Ende viel neder tusschen hem tween.
Vergl. L. G. Visscher, Ferguut, ridderroman uit den fabelkring van de ronde tafel. Utrecht. 1838. 8. s. 2.

68. Vergl. unten, z. 652. 5392.

69. 70. Man vergleiche folgende stelle in: La requeste d'amours (herausgeg. von A. Jubinal, Jongleurs et trouvères. Paris. 1835. 8. s. 144):
Vilains de cuer soit li honis,
Qu' il est fel en fais et en dis,
Et venimeus et orguilleus,
Et envieus et ramposneus.
Vergl. auch unten, z. 892. 893. 1350—1355. Crestien von Troies, s. 127. 140. 141. 150, anm. 1. — Über die spottsucht des Keu

Li dist: „Par deu, Qualogrenant,
Molt vos voi or preu et saillant,
Et certes molt m'est bel, quant vos
Estes li plus cortois de nos,
75 Et bien sai, que vos le cuidiez,
Tant estes vos de san vuidiez;
S'est droiz, que ma dame le cuit,
Que vos avez plus, que nos tuit,
De corteisie et de proesce.
80 Ja le leissames nos por peresce
Espoir, que nos ne nos levames,
Ou por ce, que nos ne deignames?
Mes par deu, sire, nel feismes,
Mes por ce, que nos ne veismes
85 Ma dame, ainz fustes vos levez." Bl. 79f.
„Certes, Kex, ja fussiez crevez,"
Fet la reine, „au mien cuidier,
Se ne vos poissiez vuidier
Del venin, dont vos estes plains;
90 Envieus estes et vilains,
De tancier a voz compaignons!"
„Dame, se nos n'i gaeignons"
Fet Kex „an vostre compaignie,
Gardez, que nos n'i perdiens mie;

*

vergl. man namentlich: Diu Crône von Heinrich von dem Türlîn, z. 1726—1761, in der ausgabe von G. H. F. Scholl. Stuttgart. 1852. 8. (Bibliothek des litt. vereins in Stuttgart. XXVII.) s. 22. Die unlöblichen eigenschaften, welche in herkömmlicher weise von den artusischen dichtern dem Keu beigelegt werden, scheinen auch auf dessen sohn übertragen worden zu sein; wenigstens deutet darauf die bemerkung, mit der diesen unser dichter in seiner erzählung von Erec (ausgabe von Bekker, s. 417) namhaft macht:

z. 1727 — li filz Keu, le seneschal,
Gronosis, qui molt sot de mal.

Gronosis wird, übrigens ohne bezeichnung seiner herkunft, auch erwähnt in der Crône, z. 2327, in der ausgabe von Scholl s. 29. Die guten seiten des Keu hebt Yvain selbst nachher, z. 630—635, hervor.

95 Je ne cuit avoir chose dite,
   Qui me doie estre a mal escrite,
   Et, s'il vos plest, teisons nos an;
   Il n'est corteisie ne san,
   De plet d'oiseuse maintenir;
100 Cist plez ne doit avant venir,
   Que nus nel doit an pris monter.
   Mes feites nos avant conter
   Ce qu'il avoit encomancie;
   Car ci ne doit avoir tancie."
105 A ceste parole s'espont
   Qualogrenanz et si respont:
   „Dame", fet il „de la tancon
   Ne sui mie en grant sospecon;
   Petit m'an est et molt po pris,
110 Se Kex a envers moi mespris,
   Je n'i aurai ja nul domage.
   A mialz vaillant et a plus sage,
   Mes sire Kex, que je ne sui,
   Avez vos dit honte et enui;
115 Car bien an estes costumiers;
   Toz jorz doit puir li fumiers
   Et toons poindre et maloz bruire
   Et felons enuier et nuire.

*

98. Vergl. unten, z. 634: Respondre san et corteisie. — z. 2125: Et tant a corteisie et san. — z. 3057: Et san et corteisie fist. — In der Chanson des Saxons. II. 99. (bei Burguy, Grammaire de la langue d'oïl. I. Berlin. 1853. 8. s. 178) heißt es:
   Mainz hom use son tans autresi et amplie
   ·A mener fol usage et an musarderie,
   Com cil qi auques fait et san et cortoisie.

99. Vergl. unten, z. 4185: parole oiseuse me lasse.

117. maloz. Vergl. Crestien von Troies, s. 267. — In der hs. Saint-Germain franç., nr 1989 der großen Pariser bibliothek beginnt ein von unbekanntem verfaßer herrührendes, aus sechs strophen bestehendes lied mit den worten:
   Qant li malos brut sor la flor.
Vergl. P. Paris, Les manuscrits françois de la bibliothèque du roi. VI. Paris. 1845. 8. s. 61.

Mes je ne conterai huimes,
120 Se ma dame m'an leisse an pes,
Et je li pri, qu'ele s'an teise,
Que la chose, qui me despleise,
Ne me comant soe merci."
„Dame, trestuit cil, qui sont ci"
125 Fet Kex, „boen gre vos en sauront
Et volantiers l'escoteront;
Ne n'an faites ja rien por moi,
Mes foi, que vos devez le roi,
Le vostre seignor et le mien,   Bl. 80ª.
130 Comandez li, si feroiz bien!"
„Qualogrenant", dist la reine,
„Ne vos chaille de l'ataine
Mon seignor Keu, le seneschal!
Costumiers est de dire mal,
135 Si qu'an ne l'en puet chastier;
Comander vos vuel et prier,
Que ja n'en aiez au cuer ire
Ne por lui ne lessiez a dire
Chose, qui nos pleise a oir,
140 Se de m'amor volez joir;
Mes comanciez tot de rechief!"
„Certes, dame, ce m'est molt grief,
Que vos me comandez a feire;
Einz me leissasse .I. des danz traire,
145 Se correcier ne vos dotasse,
Que je huimes rien lor contasse;
Mes je ferai ce qu'il vos siet,
Comant que il onques me griet.
Des qu'il vos plest, or escotez!

*

137. Man vergl. folgende stelle aus dem Roman de la Manekine (bei Burguy, Grammaire de la langue d'oïl. I. s. 255):
z. 510 „Bele fille, or ne vous desplace,"
Fait li rois, „çou que vous voeil dire,
Ne ja n'en aies au cuer ire!"

149—170. Vergl. Crestien von Troies, s. 249. 250. 267. 268.

150 Cuer et oroilles m'aportez!
   Car parole est tote perdue,
   S'ele n'est de cuer entandue.
   De cez i a, qui la chose oent,
   Qu' il n'entandent et si la loent;
155 Et cil n'en ont ne mes l'oie,
   Des que li cuers n'i entant mie;
   As oroilles vient la parole,
   Ausi come li vauz, qui vole,
   Mes n'i areste ne demore,
160 Einz s'an part en molt petit d'ore,
   Se li cuers n'est si esveilliez,
   Qu'au prendre soit apareilliez;
   Car cil le puet an son oir
   Prendre et anclorre et retenir.
165 Les oroilles sont voie et doiz,
   Par ou s'an vient au cuer la voiz;
   Et li cuers prant dedanz le vantre

*

Claude Fauchet, Recueil de l'origine de la langue et poésie françoise, ryme et romans. Paris. M.D.LXXXI. 4. s. 100. 101.

150. cuer B. cuers A.

151. 152. Ebenso sagt Phelippe de Rim (oder Reim) im Roman de la Manekine:
   Car biaus contes si est perdus,
   Quand il n'est de cuer entendus.
Man vergl. über Phelippe: De la Rue, Essais historiques sur les bardes, les jongleurs et les trouvères normands et anglonormands. II. Caen. 1834. 8. s. 366—374. Histoire littéraire de la France. XXII. s. 778—782. 864—868. H. Bordier, im Athénæum français. 1853, nr 40. s. 932. — Eine ausgabe des Romans de la Manekine hat Fr. Michel, Paris. 1840. 4. besorgt. (Vergl. darüber Göttingische gel. anz., 1841. s. 1562.)

163. Die handschrift A hat sil. Ich habe nach B cil geändert.

165. Die beiden handschriften AB haben uoiz. Ich habe dafür voie gesetzt. In: Li dis de la tremontaine heißt es:
   — vous estes dois et fontaine
   Et garison de mon malage.
Vergl. P. Paris, Les manuscrits françois u. s. w. III. s. 249.

La voiz, qui par l'oroille i antre.
Et qui or me voldra entandre,
170 Cuer et oroilles me doit randre;
Car ne vuel pas parler de songe,
Ne de fable, ne de manconge:
Il m'avint, plus a de .VII. anz, Bl. 80ᵇ·
Que je seus come paisanz
175 Aloie querant aventures,
Armez de totes armeures,
Si come chevaliers doit estre,
Et tornai mon chemin a destre
Parmi une forest espesse.
180 Molt i ot voie felenesse,
De ronces et d'espines plainne;
A quelqu'enui, a quelque painne
Ting cele voie et ce santier,
A bien pres tot le jor antier
185 M'en alai chevalchant issi,
Tant que de la forest issi,
Et ce fu an Broceliande;
De la forest en une lande
Entrai et vi une bretesche
190 A demie liue galesche,
Se tant i ot, plus n'i ot pas;
Cele part ving plus que le pas,
Vi la bretesche et le fosse,

*

171. Vergl. unten, z. 5385.

173—578. Vergl. Hartmann, z. 259—802.

190. Man sehe unten, z. 2953—2955. — Man vergl. W. J. A. Jonckbloet, Le roman de la charrette. La Haye. 1850. 4. s. xx. anm. 5. — Man vergl. ferner unseres dichters erzählung von Erec, in der ausgabe von Bekker, s. 509:

z. 5321 Cheuauchie ont des le matin
Jusqu'au uespre le droit chemin,
Plus de trente liues galesches,
Et uienent deuant les bretesches
D'un chastel fort et riche et bel,
Tout clos entor de mur nouel.

Tot anviron parfont et le,
195 Et sor le pont an piez estoit
Cil, cui la forteresce estoit,
Sor son poing .I. ostor mue;
Ne l'oi mie bien salue,
Quant il me vint a l'estrie prendre,
200 Si me comanda a descendre.
Je descendi; qu'il n'i ot el,
Car mestier avoie d'ostel;
Et il me dist tot maintenant
Plus de .VII. foiz en un tenant,
205 Que beneoite fust la voie,
Par ou leanz entrez estoie.
Atant en la cort en antrames,
Le pont et la porte passames.
Enmi la cort au vavasor,
210 (Cui dex doint et joie et enor
Tant, com il fist moi cele nuit!)
Pendoit une table; ce cuit,
Qu'il n'i avoit ne fer, ne fust,
Ne rien, qui de cuivre ne fust
215 Sor cele table d'un martel,
Qui panduz ert a .I. postel,
Feri li vavasors trois cos.   Bl. 80°.

*

194. Vergl. Erec, ausg. von Bekker, s. 467:
    z. 3655 . . . . . . une haute tor,
        Qui close estoit de mur entor
        Et de fosse le et parfont.
ebendaselbst, s. 510:
    z. 5327 Et par desoz a la roonde
        Corroit une eue molt parfonde,
        Lee et bruiant comme tempeste.
In: La mule sanz frain (vergl. darüber Crestien von Troies, s. 244—246) heißt es:
    z. 169 Quant il vint en une valee,
        Qui moult estoit parfonde et lee.

210. „Man sieht aus dieser stelle," sagt A. Keller, Romvart, s. 521, „daß z. 297 f. bei Hartmann wol für echt gelten können."

Cil, qui leissus erent anclos,
Oirent la voiz et le son,
220 S'issirent fors de la meison
Et vienent en la cort aval.
Je descendi de mon cheval,
Et uns des sergenz le prenoit,
Et je vi, que vers moi venoit
225 Une pucele bele et gente;
En li esgarder mis m'antente,
Qu'ele estoit bele et longue et droite;
De moi desarmer fu adroite,
Qu'ele le fist et bien et bel,
230 Et m'afubla d'un cort mantel

*

225. bele et gente werden häufig verbunden, so z. b. in Floire et Blanceflor, ausgabe von É. Du Méril, s. 101:
    z. 2459 Por cou qu'ele est et bele et gente,
          Avoie en li mise m'entente.
Ebenso sagt Adenet zu anfang seines Romans de Cleomades:
    Sage, cortoise et debonnere
    Est chescune, quar examplere
    Puet on de touz biens prendre en eles,
    Tant parsont et gentes et beles.
Man sehe diese stelle bei A. Jubinal, La complainte et le jeu de Pierre de la Broce. Paris 1835. 8. s. 41.

228. Vergl. die spanische romanze von Lanzarote, wo es heißt:
    Nunca fuera caballero
    De damas tan bien servido,
    Como fuera Lanzarote,
    Cuando de Bretaña vino;
    Que dueñas curaban dél,
    Doncellas del su rocino.
Man sehe die stelle bei F. J. Wolf y C. Hofmann, Primavera y flor de romances. II. Berlin. 1856. 8. s. 69. 70, deutsch bei F. Diez, Altspanische romanzen. Berlin. 1821. 8. s. 131, und E. Geibel und A. F. v. Schack, Romanzero der Spanier und Portugiesen. Stuttgart. 1860. 8. s. 344. Man vergl. ferner Cervantes Don Quijote, primera parte, capítulo II. XIII. — Man vergl. auch unten, z. 3798—3800. 5403—5429.

230 Vergl. unten, z. 4730.

Vair d'escarlate peonace,
Et se nos guerpirent la place,
Qu'avoec moi ne avoec li
Ne remest nus, ce m'abeli;
235 Que plus n'i queroie veoir.
Et ele me mena seoir
El plus bel praelet del monde,
Clos de bas mur a la reonde.
La la trovai si afeitiee,
240 Si bien parlant, si anseigniee,
De tel solaz et de tel estre,
Que molt m'i delitoit a estre,
Ne james por nul estovoir
Ne m'an queisse removoir.
245 Mes tant me fist la nuit de guerre
Li vavasors, qu'il me vint querre,
Qant de soper fu tans et ore;
N'i poi plus feire de demore,
Si fis lors son comandemant.
250 Del soper vos dirai briemant,
Qu'il fu del tot a ma devise,
Des que devant moi fu assise
La pucele, qui s'i assist.
Apres mangier itant me dist
255 Li vavasors, qu'il ne savoit
Le terme, puis que il avoit
Herbergie chevalier errant,
Qui aventure alast querant;
N'en ot piece a nul herbergie.
260 Apres me repria, que gie
Par son ostel m'an revenisse   Bl. 80ᵈ·

*

231. „Sammt, hermelin und scharlach durften nur die ritter, fürsten und könige tragen, so wie der gürtel, das cingulum militare, eine eigentümliche auszeichnung der ritterwürde war." F. Wolf, Über die neuesten leistungen der Franzosen für die herausgabe ihrer nationalheldengedichte. Wien. 1833. 8. s. 94, anm. 1. — Escarlate bezeichnet einen stoff, nicht eine farbe. Vergl. unten, z. 4731. 5421.

An guerredon et an servise.
Et je li dis: „Volentiers, sire!"
(Que honte fust de l'escondire.)
265 „Petit por mon oste feisse,
Se cest don li escondeisse."
Molt fui bien la nuit ostelez
Et mes chevax fu establez,
Que g'en oi molt proie le soir;
270 Lors que l'en pot le jor veoir,
Si fu bien feite ma proiere.
Mon boen oste et sa fille chiere
Au saint esperit comandai,
A trestoz congie demandai,
275 Si m'en alai lues, que je poi.
L'ostel gaires esloignie n'oi,
Quant je trovai en uns essarz
Tors salvages, ors et lieparz,
Qui s'antrecombatoient tuit
280 Et demenoient si grant bruit
Et tel fierte et tel orguel,
(Se voir conuistre vos an vuel,)
C'une piece me treis arriere;
Que nule beste n'est tant fiere,
285 Ne plus orguelleuse de tor.
Uns vileins, qui resanbloit mor,
Leiz et hideus a desmesure,
Einsi tres leide criature,
Qu'an ne porroit dire de boche,
290 Assis estoit sor une coche,

*

273. les comandai AB. — Vergl. unten, z. 4460. 4984. 5448. 6784.
286. Vergl. Crestien von Troies, s. 151, anm. 1. — Über das hier geschilderte „übermenschliche riesenmäßige wesen, waldgeist oder schrat" sehe man ferner J. Grimm, in Haupts Zeitschrift für deutsches altertum. V. Berlin. 1845. 8. s. 500. K. Simrock, Handbuch der deutschen mythologie mit einschluß der nordischen. Bonn. 1855. 8. s. 469—473. Zeitschrift für deutsche mythologie und sittenkunde, begründet von J. W. Wolf, herausgeg. von W. Mannhardt. III. Göttingen. 1855. 8. s. 196—198.

Une grant macue en sa main.
Je m'aprochai vers le vilain,
Si vi, qu'il ot grosse la teste
Plus que roncins ne autre beste,
295 Chevox mechiez et front pele,
S'ot pres de .ii. espanz de le,
Oroilles mossues et granz,
Autiex com a uns olifanz;
Les sorcix granz et le vis plat,
300 Ialz de cuete et nes de chat,
Boche fandue come lous,
Danz de sengler aguz et rous,
Barbe rosse, grenons tortiz
Et le manton aers au piz,
305 Longue eschine, torte et bocue;   Bl. 80^e.
Apoiez fu sor sa macue,
Vestuz de robe si estrange,
Qu'il n'i avoit ne lin ne lange,
Einz ot a son col atachiez
310 .ii. cuirs de novel escorchiez
Ou de .ii. tors ou de .ii. bues.
An piez sailli li vilains lues,
Qu'il me vit vers lui aprochier,
Ne sai, s'il me voloit tochier,
315 Ne ne sai, qu'il voloit enprendre;
Mes je me garni de desfandre,
Tant que je vi, que il estut
En piez toz coiz ne ne se mut,
Et fu montez desor .i. tronc;
320 S'ot bien .xvii. piez de lonc.

*

317. sestut B. estuit A.

320. In der Chanson de geste de Huon de Bourdele (handschrift von Tours) wird von dem riesen Orgilleus, welchen Hue erschlägt, gesagt:
    Plaist vous oir, com fais fu li maufes?
    .xvii. pies avoit bien mesures.
Man sehe die stelle bei: Ferdinand Wolf, Über die beiden wiederaufgefundenen niederländischen volksbücher von der königin

Si m'esgarda ne mot ne dist,
Ne plus c'une beste feist;
Et je cuidai, qu'il ne seust
Parler ne reison point n'eust.
325 Tote voie tant m'anhardi,
Que je li dis: „Va, car me di,
Se tu es boene chose ou non!"
Et il me dist, qu'il ert uns hom.
„Quiex hom ies tu?" „Tex com tu voiz;

*

Sibille und von Huon von Bordeaux. Wien. 1857. 4. s. 47, anm. 2, und in: Huon de Bordeaux, chanson de geste, publiée pour la première fois d'après les manuscrits de Tours, de Paris et de Turin, par MM. F. Guessard et C. Grandmaison. Paris. MDCCCLX. 8. s. 147. — Auch von Agrapart, dem bruder des Orguilleus, heißt es (s. 188 der soeben genannten ausgabe):

.xvii. pies ot de grant li maufes.

321. dit AB.

326. Vergl. F. Diez, Etymologisches wörterbuch der romanischen sprachen. Bonn. 1853. 8. s. 605, unter der partikel da. — Vergl. auch unten, z. 4910. In unseres Crestien Roman del chevalier de la charrete (ausg. von Jonckbloet, s. 59) heißt es:

z. 351 „Nain", fet il, „por deu, car me di,
Se tu as veu par ici
Passer ma dame la reine."

329—364. Vergl. Crestien von Troies, s. 259, und meine bemerkung in: Germania. Vierteljahrsschrift für deutsche altertumskunde, herausgegeben von F. Pfeiffer. I. Stuttgart. 1856. 8. s. 241. Beispiele der kurzen wechselrede sind in unserem gedichte ferner: z. 1550—1556. 1604—1726. 1760—1772. 1815—1832. 1897—1903. 1975—1981. 2015—2036. 3064—3073. 3120—3124. 3609—3625. 3827—3838. 4597—4621. 5044—5047. 5114. 5115. 5230. 5231. 5247. 5248. 5336. 5337. 5498. 5684. 5737. 6276. 6290. 6388. 6590. 6670. 6698—6704. — Man vergleiche auch Crestiens Conte del roi Guillaume d'Engleterre (ausgabe von Fr. Michel, in: Chroniques anglonormandes. III. Rouen. 1840. 8.) s. 48. 79. 122. 125. 138. 139. 150. 151. 160. 162. 163. 164. 167. — Man sehe auch Floire et Blanceflor (ausgabe von É. Du Méril) s. 28. 36. 38. 40. 87. 88. 94. — Man vergleiche ferner Li romans de Dolopathos, ausgabe von Ch. Brunet und A. de Montaiglon. Paris. 1856. 8. s. 78. — Aus dem Roman de la Manekine führt Burguy, Grammaire de la langue d'oïl. II. Berlin. 1854. 8. s. 167, folgendes beispiel an:

330 Si ne sui autres nule foiz."
„Que fez tu ci?" „Ge m'i estois
Et gart les bestes de cest bois."
„Gardes? Por saint Pere de Rome!
Ja ne conuissent eles home.
335 Ne cuit, qu'an plain ne an boschage
Puisse an garder beste sauvage
N'en autre leu por nule chose,
S'ele n'est liee et anclose."
„Je gart si cestes et justis,
340 Que ja n'istront de cest porpris."
„Et tu comant? Di m'an le voir!"
„N'i a celi, qui s'ost movoir
Des que ele me voit venir;
Car quant j'en puis une tenir,
345 Si l'estraing si par les .II. corz
As poinz, que j'ai et durs et forz,
Que les autres de peor tranblent
Et tot environ moi s'asanblent,
Ausi com por merci crier ; Bl. 80f.
350 Ne nus ne s'i porroit fier
Fors moi, s'antr'eles s'estoit mis,
Qu'il ne fust maintenant ocis;
Einsi sui de mes bestes sire.
Et tu me redevroies dire,
355 Quiex hom tu ies et que tu quiers."
„Je sui, ce voiz, uns chevaliers,

*

z. 3371 „Fus tu en France?" — „Dame, oïl."
— „Veis mon fil? Quel le fait il?"
— „Dame, mout bien, et s'est si prous,
Que il vaint les tournois trestous."

Die kurze wechselrede hat Crestien auch in seiner erzählung von Erec angewendet; man vergleiche in der ausgabe von Bekker z. 207—210. 841—853. 1108—1113. 2514—2530. 6448—6456. 6565—6579.

331. Ge m'i estois. Vergl. unten, z. 5981: ge me sui.

344 fehlt B.

356. Je sui ce uoiz B. Je sui fet il A. Ich habe die lesart

Qui quier, ce que trover ne puis.
Assez ai quis et rien ne truis."
„Et que voldroies tu trover?"
360 „Avanture, por esprover
Ma proesce et mon hardemant.
Or te pri et quier et demant,
Se tu sez, que tu me consoilles
Ou d'aventure ou de mervoilles."
365 „A ce", fet il, „faudras tu bien;
D'aventure ne sai je rien,
N'onques mes n'en oi parler.
Mes se tu voloies aler
Ci pres jusqu'a une fontainne,
370 N'en revandroies pas sanz painne,
Se tu li randoies son droit.
Ci pres troveras orendroit
.I. santier, qui la te manra.
Tote la droite voie va,
375 Se bien viax tes pas anploier;
Que tost porroies desvoier,
Il i a d'autres voies moult.
La fontainne verras, qui bout;

*

von B in den text aufgenommen, da diejenige von A hier offenbar unrichtig ist, indem Qualogrenant von sich selbst spricht.

363. 364. consoille: meruoille A. conseilles: merueilles B.

371. tu B. ne A.

378—382. Man vergleiche aus dem Lais de l'oiselet folgende stelle:

z. 53 Li vergiers fu et lez et lons,
Et a compas tout en roons,
Et enmi ot une fontaine,
Dont l'iaue estoit et clere et saine,
Et surdoit de si grant randon,
Com s'ele boulist de randon,
S'iert ele plus froide que marbres.
Ombre li fist li plus biax arbres,
Dont les branches lez s'estendoient,
Qui sagement duites estoient;
Foilles i avoit a plente

S'est ele plus froide, que marbres;
380 Onbre li fet li plus biax arbres,
C'onques poist former Nature;
En toz tens sa fuelle li dure,
Qu'il ne la pert por nul iver;
Et si pant uns bacins de fer
385 A une si longue chaainne,
Qui dure jusqu'an la fontainne.
Lez la fontainne troverras
.I. perron tel, com tu verras,
(Je ne te sai a dire, quel;
390 Que je n'en vi onques nul tel)
Et d'autre part une chapele,
Petite, mes ele est molt bele.
S'au bacin viax de l'eve prandre Bl. 81ᵃ.
Et desus le perron espandre,
395 La verras une tel tanpeste,
Qu'an cest bois ne remanra beste,
Chevriax ne cers ne dains ne pors,
Nes li oisel s'an istront fors;
Car tu verras si foudroier,
400 Vanter et arbres pecoier,
Plovoir, toner et espartir,

*

En tout le plus lonc jor d'este;
Quant ce venoit el mois de may,
N'i peussiez choisir le ray
Dou souloil, tant par ert ramus.
Moult devoit estre chier tenus;
Quar il est de tele nature,
Qu'en tous tens sa foille li dure;
Vens ne orez, tant ait grant force,
N'en abat jus foille n'escorce.

z. 73 Li pins fu delitous et biaus. . . .
Man sehe diese stelle in: Fabliaux et contes des poètes françois des xi, xii, xiii, xiv et xv siècles, ... publiés par Barbazan ... nouvelle édition, augmentée ... par M. Méon. III. Paris. MDCCCVIII. 8. s. 116. 117. — Über das Lais de l'oiselet vergl. man Ludwig Uhland, in Fr. Pfeiffers Germania. III. Stuttgart. 1858. 8. s. 141. 142.

381. Nature ohne artikel. Vergl. unten, z. 796 und die anmerk. zu z. 1501.

Que, se tu t'an puez departir
Sanz grant enui et sanz pesance,
Tu seras de meillor cheance,
405 Que chevaliers, qui i fust onques."
Del vilain me parti adonques,
Qu'il i ot la voie mostree.
Espoir si fu tierce passee
Et pot estre pres de midi,
410 Quant l'arbre et la fontainne vi.
Bien sai de l'arbre, c'est la fins,
Que ce estoit li plus biax pins,
Qui onques sor terre creust,
Ne cuit, c'onques si fort pleust,
415 Que d'eve i passast une gote,
Eincois coloit par desor tote.
A l'arbre vi le bacin pandre
Del plus fin or, qui fust a vandre
Encor onques en nule foire.
420 De la fontainne poez croire,
Qu'ele boloit com eve chaude;
Li perrons ert d'une esmeraude
Perciee ausi com une boz,
Et s'a .iiii. rubiz desoz,
425 Plus flanboianz et plus vermauz,
Que n'est au matin li solauz,
Quant il apert en oriant,
Ja, que je sache a esciant,
Ne vos an mantirai de mot.
430 La mervoille a veoir me plot
De la tanpeste et de l'orage,
Don je ne me ting mie a sage;
Que volentiers m'an repantisse
Tot maintenant, se je poisse,

408—546 hat nach A schon Le Roux de Lincy, Le livre des légendes. Paris. 1836. 8. s. 225—229, mitgeteilt.

421. Qu'ele boloit come eue chaude B. Diß fehlt A und so auch bei Le Roux de Lincy, a. a. o., s. 225.

426. Vergl. unten, zu z. 2406.

435 Quant je oi le perron crose,
 De l'eve au bacin arose;
 Mes trop en i verssai, ce dot;
 Que lors vi le ciel si derot,   Bl. 81b.
 Que de plus de .XIIII. parz
440 Me feroit es ialz li esparz,
 Et les nues tot mesle mesle
 Gitoient pluie, noif et gresle;
 Tant fu li tans pesmes et forz,
 Que cent foiz cuidai estre morz
445 Des foudres, qu'antor moi cheoient,
 Et des arbres, qui peceoient.
 Sachiez, que molt fui esmaiez,
 Tant que li tans fu rapaiez,
 Mes dex tost me rasegura;
450 Que li tans gaires ne dura
 Et tuit li vant se reposerent,
 Des que deu plot, vanter n'oserent;
 Et quant je vi l'air cler et pur,
 De joie fui toz asseur;
455 Que joie, s'onques la conui,
 Fet tot oblier grant enui.

*

446. Über die wunderbare quelle vergl. Crestien von Troies, s. 152—156. Man sehe auch Ferdinand Wachter, Iwein, in: J. S. Ersch und J. G. Gruber, Allgemeine encyklopädie der wißenschaften und künste. . . . Zweite section. H—N. Dreißigster teil. Leipzig. 1853. 4. s. 326. K. Simrock, Deutsche mythologie, s. 470. Des Gervasius von Tilbury Otia imperialia, in einer auswahl neu herausgegeben und mit anmerkungen begleitet von Felix Liebrecht. Hannover. 1856. 8. s. 146—149. Zeitschrift für deutsche mythologie und sittenkunde, begründet von J. W. Wolf, herausgegeben von W. Mannhardt. IV. Göttingen. 1856. 8. s. 80. — Auffallend ist, daß es unten, z. 2545. 2546, von Yvain in beziehung auf seine entfernung von der mit ihm vermählten herrin der quelle heißt:
  Ne leira, que congie ne praigne
  De retorner an la Bretaigne.
Sollte Crestien sich die quelle als außerhalb der Bretagne liegend gedacht haben?

449. 450 fehlen in B.

Jusque li tans fu trespassez,
Vi sor le pin toz amassez
Oisiax (s'est, qui croire le vuelle),
460 Qu'il n'i paroit branche ne fuelle,
Que tot ne fust covert d'oisiax,
S'an estoit li arbres plus biax;
Doucement li oisel chantoient,
Si que molt bien s'antracordoient;
465 Et divers chanz chantoit chascuns,
C'onques ce, que chantoit li uns,
A l'autre chanter ne oi.
De lor joie me resjoi,
S'escoutai tant, qu'il orent fet
470 Lor servise trestot atret;
Que mes n'oi si bele joie,
Ne ja ne cuit, que nus hom l'oie,
Se il ne va oir celi,
Qui tant me plot et abeli,
475 Que je m'an dui por fos tenir.
Tant i fui, que j'oi venir
Chevaliers, ce me fu avis,
Bien cuidai, que il fussent dis,
Tel noise et tel bruit demenoit
480 Uns seus chevaliers, qui venoit.
Quant ge le vi tot seul venant, Bl. 81c.
Mon cheval restraing maintenant,
N'a monter demore ne fis.
Et cil, come mautalentis,
485 Vint plus tost c'uns alerions,

*

474. Vergl. unten, z. 5919. Ebenso im Roman de la Manekine, bei Burguy, Grammaire de la langue d'oïl. II. s. 313:

z. 1532 Et si n'en puis mon cuer tenser,
Que tous jours ne pense a celi,
Qui tant me pleut et abeli
Orains et ier et cascun jour.

479. Vergl. unten, z. 811.
480. Vergl. die anm. zu z. 811.

Fiers par sanblant come lions.
De si haut, com il pot crier,
Me comanca a desfier
Et dist: „Vassax, molt m'avez fet,
490 Sanz desfiance, honte et let!
Desfier me deussiez vos,
Se il eust reison an vos,
Ou au moins droiture requerre,
Einz que vos me meussiez guerre!
495 Mes se je puis, sire vasax,
Sor vos retornera cist max
Del domage, qui est paranz
(Environ moi est li garanz)
De mon bois, qui est abatuz.
500 Plaindre se doit, qui est batuz;
Et je me plaing, si ai reison,
Que vos m'avez de ma meison
Fors chacie a foudre et a pluie;
Fet m'avez chose, qui m'enuie,
505 Et dahez ait, cui ce est bel!
Q'an mon bois et an mon chastel
M'avez feite tele envaie,
Ou mestier ne m'eust aie
Ne de grant tor, ne de haut mur;
510 Onques n'i ot home asseur
An forteresce, qui i fust,
De dure pierre, ne de fust.
Mes sachiez bien, que desormes
N'auroiz de moi trives ne pes!"

*

490. honte et let, so auch unten, z. 5125. 6070. 6089.

509. Ne de grant A. de ist bei Le Roux de Lincy, a. a. o., s. 228, wol aus versehen weggeblieben.

514. Daß es altherkömmlich war, denjenigen zur rechenschaft zu ziehen, der durch die quelle unwetter erregt, darüber vergl. unten, z. 2102—2104. — Trives ne pes auch unten, z. 2666. So auch in folgender stelle des Benoit:

N'o vos n'aura treve ne pais,
S'aveir en poeit leu e tens.

515 A cest mot nos antrevenimes,
Les escuz anbraciez tenimes;
Si se covri chascuns del suen.
Li chevaliers ot cheval buen
Et lance roide et fu sanz dote
520 Plus granz de moi la teste tote.
Einsi del tot a meschief fui,
Que je fui plus petiz de lui
Et ses chevax miaudres del mien.
Parmi le bois, ce sachiez bien,
525 M'an vois por ma honte covrir.   Bl. 81^d.
Si grant cop, con je poi ferir,
Li donai, c'onques ne m'an fains;
El conble de l'escu l'atains,
S'i mis trestote ma puissance
530 Si, qu'an pieces vola ma lance,
Et la soe remest antiere;
Qu'ele n'estoit mie legiere,
Einz pesoit plus, au mien cuidier,
Que nule lance a chevalier,
535 Qu'ainz nule si grosse ne vi;
Et li chevaliers me feri
Si durement, que del cheval
Parmi la crope contreval
Me mist a la terre tot plat.
540 Si me leissa honteus et mat,
C'onques puis ne me regarda,

*

Vergl. Benoit, Chronique des ducs de Normandie, publiée pour la première fois d'après un manuscrit du musée britannique. I. Paris. 1836. 4. s. 563. z. 14559—60. Man vergl. ebendas., I. s. 256. z. 4994. s. 495. z. 11952.

524. bois habe ich nach Keller, Romvart, s. 532. 8, gesetzt. AB haben uoir und so hat auch Le Roux de Lincy, a. a. o., s. 229: voir.

531. Vergl. unten, z: 4475.

534. Statt nule hat Le Roux de Lincy, a. a. o., s. 229, irrtümlich mile.

539. terre B. terte A.

541. puis B. nus A.

Mon cheval prist et moi leissa.
Si se mist arriere a la voie,
Et je, qui mon roi ne savoie,
545 Remes angoisseus et pansis.
Delez la fontainne m'asis
.I. petit, si me reposai.
Le chevalier siudre n'osai;
Que folie feire dotasse;
550 Et se je bien siudre l'osasse,
Ne sai ge, que il se devint.
En la fin volantez me vint,
Qu'a mon oste covant tanroie
Et que a lui m'an revanroie.
555 Ensi me plot, ensi le fis,
Mes jus totes mes armes mis,
Por plus aler legierement;
Si m'an reving honteusement.
Qant je ving la nuit a ostel,
560 Trovai mon oste tot autel
Ausi lie et ausi cortois,
Come j'avoie fet eincois;
Onques de rien ne m'aparcui,
Ne de sa fille, ne de lui,
565 Que moins volentiers me veissent,
Ne que moins d'enor me feissent,
Qu'il avoient fet l'autre nuit;
Grant enor me porterent tuit,
Les lor merciz, an la meison,   Bl. 81ᵉ.
570 Et disoient, c'onques mes hom
N'an eschapa, que il seussent,
Ne que il oi dire eussent,
De la, dont j'estoie venuz,
Qu'il n'i fust morz ou retenuz.
575 Ensi alai, ensi reving;

*

547. reposai B. seiornaj A.

575. 576. Man sehe die gleichlautende stelle aus Waces Roman de Rou in meinem buche über Crestien von Troies, s. 152, anm. 1.

Au revenir por fol me ting.
Si vos ai conte come fos,
Ce c'onques mes conter ne vos."

„Par mon chief!" fet mes sire Yvains,
580 „Vos estes mes cosins germains,
Si nos devons molt entramer,
Mes de ce vos puis fol clamer,
Quant vos tant le m'avez cele.
Se je vos ai fol apele,
585 Je vos pri, qu'il ne vos an poist;
Que, se je puis et il me loist,
G'irai vostre honte vangier."
„Bien pert, que c'est apres mangier,"
Fet Kex, qui teire ne se pot.
590 „Plus a paroles an plain pot
De vin, qu'an .i. mui de cervoise.
L'en dit, que chaz saous s'anvoise.
Apres mangier, sanz remuer,
Vet chascuns Noradin tuer,
595 Et vos iroiz vengier forre.
Sont vostre panel aborre
Et voz chauces de fer froiees
Et voz banieres desploiees?
Or tost, por deu, mes sire Yvain!

*

579—646. Vergl. Hartmann, z. 803—878.
588. Vergl. unten, z. 2179—2183.
591. Vergl. unten, z. 5593.
594. Ioradin AB. Va cascuns noradin tuer C. bl. 209, sp. 3.
— Noradin (d. h. Nureddin, der von 1145—1161 regierte, der vorgänger Saladins) wird in folgender stelle des Romans de Renart erwähnt:
Salus te mande Noradins
Par moi que je sui pelerins.
Man sehe A. P. Paris, Les aventures de maitre Renart et d'Ysengrin son compère, mises en nouveau langage, racontées dans un nouvel ordre et suivies de nouvelles recherches sur le roman de Renart. Paris. 1861. 8. s. 336. Die vaticanische hs., bei Keller, Romvart, s. 534, hat: Saladin.

600 Movroiz vos enuit ou demain?
   Feites le nos savoir, biax sire,
   Quant vos iroiz an cest martire,
   Que nos vos voldrons convoier;
   N'i aura prevost ne voier,
605 Qui volantiers ne vos convoit;
   Et si vos pri, comant qu'il soit,
   N'en alez pas sanz noz congiez!
   Et se vos anquenuit songiez
   Malves songe, si remenez!"
610 „Comant, estes vos forssenez,
   Mes sire Keu", fet la reine,

*

601. biax' sire ist in der anrede gewöhnlich. Man vergl. unten, z. 1286. 1291. 1297. 2511. 2529. 2556. 3802. 3827. 3871. 3935. 3944. 4599. 4608. 4619. 4661. 4797. 5209. 5217. 5395. 5477. 5560. 5668. 5729. 6290 6344. 6422. Man vergl. ferner folgende stellen aus unseres Crestien Conte del roi Guillaume d'Engleterre (ausgabe von Fr. Michel, in Chroniques anglonormandes. III.):

s. 113 Loviax respont: „Biax dous amis,
   De çou nos puet bien diex deffendre."
   . . . .

s. 115 Loviax respont: „Biau sire rois,
   Autre cose querre n'alomes."
   . . . .

s. 116 Loviax respont: „Par dieu! biau sire,
   Ne di mie por vos desdire,
   S'en trai lui meisme a garant."
   . . . .

s. 138 . . . . . Biau sire, jou ne voel
   Avoir rien que voient mi oel,
   Fors cel anel, que vos portes.
   . . . .

s. 152 Atant li uns d'aus lor a dit:
   „Biaus dous sire, se diex m'ait!
   Ains mais mon pere ne connui."
   . . . .

s. 153 Or sacies bien certainement,
   Que compaignon somes et frere,
   Et vos, biax sire, estes nos pere."
   . . . .

s. 155 „Biax ostes, verite provee
   Aves dite," ce dist Loviaus.

"Que vostre leingue onques ne fine?
La vostre leingue soit honie,   Bl. 81ᶠ.
Que tant i a d'escamonie!
615 Certes, vostre leingue vos het,
Que tot le pis, que ele set,
Dit a chascun, comant qu'il soit.
Leingue, qui onques ne recroit
De mal dire, soit maleoite!
620 La vostre leingue si esploite,
Qu'ele vos fet par tot hair;
Mialz ne vos puet ele trair;
Bien sachiez, je l'apeleroie
De traison, s'ele estoit moie.
625 Home, qu'an ne puet chastier,
Devroit en au mostier lier
Come desve devant les prones."
"Certes, dame, de ses rampones,"
Fet mes sire Yvains, "ne me chaut.
630 Tant puet et tant set et tant vaut
Mes sire Kex an totes corz,
Qu'il n'i iert ja muez ne sorz.
Bien set ancontre vilenie
Respondre san et corteisie,
635 Ne nel fist onques autremant.
Or savez vos bien, se je mant,
Mes je n'ai cure de tancier,
Ne de folie ancomancier;
Que cil ne fet pas la meslee,
640 Qui fiert la premiere colee;
Einz la fet cil, qui se revanche;
Bien tanceroit a un estrange,
Qui ranpone son compaignon;
Ne vuel pas sanbler le gaignon,

*

628 rampones B   paroles A.

630—635. Vergl. Crestien von Troies, s. 140. 141. Man sehe ferner: Friedrich Sachse, Über den ritter Kei, truchseß des königs Artus. Berlin. 1860. 8. (Man vergl. darüber Fr. Pfeiffer, Germania. VI. Wien. 1861. 8. s. 116. 117.) S. auch die anm. zu z. 98.

645 Qui se herice et reguingne,
   Qant autres gaingnons le rechingne."

Que que il parloient ensi,
   Li rois fors de la chambre issi,
   Ou il ot fet longue demore;
650 Que dormi ot jusqu'a ceste ore.
   Et li baron, quant il le virent,
   Tuit an piez contre lui saillirent,
   Et il toz raseoir les fist,
   Delez la reine s'asist;
655 Et la reine maintenant
   Les noveles Calogrenant
   Li reconta tot mot a mot;   Bl. 82ª·
   Que bien et bel conter li sot.
   Li rois les oi volantiers
660 Et fist trois sairemenz antiers
   L'ame Uterpandragon, son pere,

*

647—1894. Von dieser abteilung des gedichtes hat A. Keller, Romvart, s. 536—575, eine bearbeitung nach dem texte bei Ch. Guest, The Mabinogion. I. London. 1849. 8. unter zuziehung von Hartmann und dem englischen gedichte bei Ritson, gegeben. Zu z. 647—720 vergl. Hartmann, z. 879—944.

   650. Vergl. oben, z. 52.
   652. Vergl. oben, z. 68.
   661. uterpandagron A. urpandragon B. — Vergl. unten, z. 5218. — In seiner erzählung von Erec (ausgabe von Bekker, s. 419) läßt Crestien den Artus sprechen:
      z. 1799 L'usage Pendragon, mon pere,
           Qui fu droiz rois et emperere,
           Doi ie garder et maintenir,
           Que qu'il m'en doie auenir.

Den namen Uterpandragon erklärt Galfredi Monumetensis historiae regum Britanniae liber VIII, caput XVII, (bei San-Marte, a. a. o., s. 114) so: „At Uther frater ejus [Aurelii Ambrosii], convocato regni clero, cepit diadema insulae: annuentibusque cunctis sublimatus est in regem. Reminiscens autem expositionis, quam Merlinus de supradicto sidere fecerat: jussit fabricari duos dracones ex auro, ad draconis similitudinem, quem ad stellae radium inspexerat. Qui ut mira arte fabricati fuerunt: obtulit unum in ecclesia primae sedis Guyntoniae: alterum vero sibi ad

> Et la son fil et la sa mere,
> Qu'il iroit veoir la fontaine,
> Ja einz ne passeroit quinzaine,
> 665 Et la tempeste et la mervoille,
> Si que il i vanra la voille
> Mon seignor saint Jehan Baptiste,
> Et s'i panra la nuit son giste;
> Et dit, que avoec lui iroient
> 670 Tuit cil, qui aler i voldroient.
> De ce, que li rois devisa,
> Tote la corz mialz l'en prisa;
> Car molt i voloient aler
> Li baron et li bacheler.
> 675 Mes qui qu'an soit liez et joianz,
> Mes sire Yvains an fu dolanz;
> Qu'il i cuidoit aler toz seus;

*

ferendum in praelia detinuit. Ab illo ergo die vocatus fuit Utherpendragon: quod Britannica lingua caput draconis appellamus. Idcirco hanc appellationem recepit: quia Merlinus eum in regem per draconem prophetaverat." — Ebenso heißt es in des Niederländers Amandus de Zierickzee Chronica compendiosissima ab exordio mundi usque ad annum Domini MDXXXIV. Antverp., apud Simonem Cocum. 1534. 8. fol. 65 verso: „Post Aurelium Ambrosium regnat frater ejus Uther, dictus Pendragon, id est caput Draconis." Man sehe die stelle bei Reiffenberg, Chronique rimée de Philippe Mouskes. II. Bruxelles. 1838. 4. s. LXIV, und darnach bei J. L. Ideler, Geschichte der altfranzösischen nationalliteratur von den ersten anfängen bis auf Franz I. Berlin. 1842. 8. s. 117.

662. Man vergl. folgende stelle des Romans de Dolopathos, ausgabe von Ch. Brunet und A. de Montaiglon, s. 78:
> Dont li a jure sor sa loi,
> Seur la sante Cesar le roi,
> Et sur la vie de son pere,
> Seur l'ame de sa bone mere,
> Que, sanz refuser, gardera
> Tout ce k'il li comandera.

664. Vergl. unten, z. 1619. 2085.

667. Vergl. unten, z. 2574. 2750.

Si fu destroiz et angoisseus
Del roi, qui aler i devoit.
680 Por ce seulement li grevoit,
Qu'il savoit bien, que la bataille
Auroit mes sire Kex sanz faille
Einz que il, s'il la requeroit,
Ja vehee ne li seroit;
685 Ou mes sire Gauvains meismes
Espoir l'i demandera primes;
Se nus de ces .II. la requiert,
Ja contredite ne lor iert.
Mes il ne les atendra mie;
690 Qu'il n'a soing de lor compaignie,
Eincois ira toz seus, son vuel,
Ou a sa joie, ou a son duel
Et qui que remaigne a sejor.
Il vialt estre jusqu'a tierz jor
695 An Broceliande et querra,
Se il puet, tant que il troverra
L'estroit santier tot boissoneus,
(Que trop an est cusanconeus,)
Et la lande et la meison fort
700 Et le solaz et le deport
De la cortoise dameisele, Bl. 82ᵇ.
Qui molt est avenanz et bele,

*

678. Vergl. unten, z. 4644.

699. lande B. bande A.

702. avenanz et bele stehen oft beisammen, so z. b. in La mule sanz frain:
 z. 39 . . . . . une seule pucele.
  Qui moult ert avenanz et bele.
So im Lais de l'oiselet, in Fabliaux et contes. III. s. 119:
 z. 143 Et a vos le di je, puceles,
  Qui iestes avenans et beles.
So heißt es im Roman de Mahomet, en vers du xiiimᵉ siècle, par Alexandre Du Pont, et livre de la loi au Sarrazin, en prose du xivmᵉ siècle, par Raymond Lulle, publiés pour la première fois, et accompagnés de notes, par MM. Reinaud et Francisque Michel. Paris. 1831. 8. s. 32:

>   Et le prodome avoec sa fille,
>   Qui a enor feire s'essille,
> 705 Tant est frans et de boene part.
>   Puis verra la tor et l'essart
>   Et le grant vilain, qui le garde;
>   Li veoirs li demore et tarde
>   Del vilain, qui tant par est lez,
> 710 Granz et hideus et contrefez
>   Et noirs a guise d'esperon;
>   Puis verra, s'il puet, le perron
>   Et la fontainne et le bacin
>   Et les oisiax desor le pin,
> 715 Si fera plovoir et vanter;
>   Mes il ne s'en quiert ja vanter,
>   Ne ja son vuel nus nel saura
>   Jusque tant, que il en aura
>   Grant honte ou grant enor eue;
> 720 Puis si soit la chose seue.

*

> z. 766 Tante dame avenans et biele
>   Et tante noble damoisiele ...

So in Floire et Blanceflor, ausgabe von E. Du Méril, s. 68:

> z. 1673 En la tor a sept vint puceles,
>   Qui moult sont avenans et beles

So im Lai du corn:

> z. 35 ..... un dauncel
>   Mout avenaunt et bel.

So im Mantel mautaillé:

> z. 175 ...... la damoisele,
>   Qui tant est avenant et bele.

Man sehe diese stellen bei F. Wolf, Über die lais, sequenzen und leiche. Heidelberg. 1841. 8. s. 328. 346.

706. les tors B.

708. Vergl. Dante, Inferno, IX. z. 9:

> Oh quanto tarda a me, ch'altri qui giunga!

Ebendas., XXI, z. 25:

> Allor mi volsi come l'uom, cui tarda
> Di veder quel che gli convien fuggire.

Man sehe auch nachher, z. 2618. 4187. 4336.

Mes sire Yvains de la cort s'anble
Si, qu'a nul home ne s'asanble,
Mes seus vers son ostel s'en va,
Tote sa mesniee trova.
725 Si comande a metre sa sele
Et .I. suen escuier apele,
Cui il ne celoit nule rien.
„Diva", fet il, „avoec moi vien
La fors et mes armes m'aporte!
730 Je m'an istrai par cele porte
Sor mon palefroi tot le pas.
Garde ne demorer tu pas;
Qu'il me covient molt loing errer;
Et mon cheval fai bien ferrer,
735 Si l'amainne tost apres moi!
Puis ramanras mon palefroi.
Mes garde bien, ce te comant,
S'est nus, qui de moi te demant,
Que ja noveles li an dies;
740 Se or de rien an moi te fies,
Ja mar t'i fieroies mes!"
„Sire", fet il, „or aiez pes!
Que ja par moi nus nel saura.

*

721—958. Vergl. Hartmann, z. 945—1125.

731—736. palefroi und cheval sind zu unterscheiden. Im Roman de Gille de Cyn (ausgabe von Reiffenberg. Bruxelles. 1847. 4. s. 12) heißt es:

z. 302 Puis monte en .I. sien palefroi,
Son ceval traient devant soi.

734. In B folgt auf diese zeile:
[Et cil fist a sa volente,
Quanque ses sire ot comande,
Sanz grant ator et sanz esmai;
Onques n'i fist trop grant delai.]
Si l'amaine tost apres moi,
Si ramerras mon palefroi!
Mes garde bien, ce te comant,
Que nus, qui de moi te demant,
Que tu noveles ne l'en dies, u. s. f.
Die vier eingeklammerten zeilen fehlen in A.

Alez, que je vos siudrai la!"
745 Mes sire Yvains maintenant monte,   Bl. 82ᶜ·
Qu'il vangera, s'il puet, la honte
Son cosin, einz que il retort.
Li escuiers maintenant cort
Au boen cheval, si monta sus;
750 Que de demore n'i ot plus,
Qu'il n'i failloit ne fers ne clos.
Son seignor siust toz les galos,
Tant que il le vit descendu;
Qu'il l'avoit .i. po atendu
755 Loing del chemin en .i. destor.
Tot son hernois et son ator
En a porte, cil l'atorna.
Mes sire Yvains ne sejorna,
Puis qu'armez fu, ne tant ne quant,
760 Eincois erra chascun jor tant
Par montaignes et par valees
Et par forez longues et lees,
Par leus estranges et salvages,
Et passa mainz felons passages
765 Et maint peril et maint destroit,
Tant qu'il vint au santier estroit,
Plain de ronces et d'oscurtez,
Et lors fu il asseurez,
Qu'il ne pooit mes esgarer,
770 Qui que le doie conparer;
Ne finera, tant que il voie
Le pin, qui la fontainne onbroie,
Et le perron et la tormante,
Qui grausle et pluet et tone et vante.
775 La nuit ot, ce poez savoir,
Tel oste, com il vost avoir;
Car plus de bien et plus d'enor
Trueve il assez el vavasor,
Que ne vos ai conte et dit;
780 Et an la pucele revit
De san et de biaute cent tanz,

3*

Que n'ot conte Calogrenanz;
Qu'an ne puet pas dire la some
De prode fame et de prodome;
785 Des qu'il s'atorne a grant bonte,
Ja n'iert tot dit ne tot conte;
Que leingue ne puet pas retreire
Tant d'enor, com prodom set feire.
Mes sire Yvains cele nuit ot Bl. 82ᵈ.
790 Molt boen ostel et molt li plot,
Et vint es essarz landemain,
Si vit les tors et le vilain,
Qui la voie li anseingna;
Mes plus de cent foiz se seingna
795 De la mervoille, que il ot,
Comant Nature feire sot
Oevre si leide et si vilainne.
Puis erra jusqu'a la fontainne,
Si vit, quanqu'il voloit veoir.
800 Sanz arester et sanz seoir
Verssa sor le perron de plain
De l'eve le bacin tot plain:
Et maintenant vanta et plut
Et fist tel tans, com faire dut.
805 Et quant dex redona le bel,
Sor le pin vindrent li oisel
Et firent joie merveilleuse
Sor la fontainne perilleuse.
Einz que la joie fust remeise,
810 Vint d'ire plus ardanz, que breise,
Uns chevaliers a si grant bruit,
Con s'il chacast .I. cerf de ruit;
Et maintenant, qu'il s'antrevirent,
S'antrevindrent et sanblant firent,

*

794. Mes plus de mil B. Mes de cent A. plus fehlt A.
811. Vergl. oben, z. 479. Den namen des ritters, der noch nicht allzulange mit der herrin der quelle vermählt war (vergl. z. 2088. 2089), nennt Crestien erst unten, z. 1970.

815 Qu'il s'antrehaissent de mort.
Chascuns ot lance roide et fort,
Si s'antredonent si granz cos,
Qu'an .II. les escuz de lor cos
Percent et li hauberc deslicent,
820 Les lances fandent et esclicent
Et li troncon volent an haut.
Li uns l'autre a l'espee assaut,
Si ont au chaple des espees
Les guiges des escuz colpees
825 Et les escuz dehachiez toz,
Et par desus et par desoz,
Si que les pieces an depandent,
N'il ne s'an cuevrent ne desfandent;
Car si les ont harigotez,
830 Qu'a delivre sor les costez
Et sor les piz et sor les hanches
Essaient les espees blanches;
Felenessement s'antrespruevent   Bl. 82ᵉ·
N'onques d'un estal ne se muevent,
835 Ne plus, que feissent dui gres.
Einz dui chevalier plus angres
Ne furent de lor mort haster.
N'ont cure de lor cos gaster;
Que mialz, qu'il pueent, les anploient,
840 Les hiaumes anbuingnent et ploient,
Et des haubers les mailles volent,
Si que del sanc assez se tolent;
Car d'ax meismes sont si chaut
Lor hauberc, que li suens ne vaut
845 A chascun gueres plus d'un froc,
Anz el vis se fierent d'estoc.
S'est mervoille, coment tant dure
Bataille si fiere et si dure,
Mes andui sont de si fier cuer,
850 Que li uns por l'autre a nul fuer

*

841. Vergl. unten, z. 4518.

De terre .I. pie ne guerpiroit,
Se jusqu'a mort ne l'enpiroit.
Et de ce firent molt que preu,
C'onques lor cheval an nul leu
855 Ne ferirent ne maheignierent;
Qu'il ne vostrent ne ne deignierent,
Mes toz jorz a cheval se tienent,
Que nule foiz a pie ne vienent;
S'an fu la bataille plus bele.
860 En la fin son hiaume escartele
Au chevalier mes sire Yvains;
Del cop fu estonez et vains
Li chevaliers, molt s'esmaia;
Qu'ainz si felon cop n'essaia;
865 Qu'il li ot desoz le chapel
Le chief fandu jusqu'au cervel,
Tant que del cervel et del sanc
Taint la maille del hauberc blanc,
Don si tres grant dolor santi,
870 Qu'a po li cuers ne li manti.
S'il s'anfoi, n'a mie tort;
Qu'il se santi navrez a mort;
Car riens ne li valut desfansse.
Si tost s'anfuit, com il s'apansse,
875 Vers son chastel toz esleissiez;
Et li ponz li fu abeissiez
Et la porte overte a bandon;   Bl. 82^f.
Et mes sire Yvains de randon,
Quanqu'il puet, apres esperone;
880 Si com girfauz grue randone,

*

862. Vergl. unten, z. 6132. 6246.

870. Dieselbe redensart li cuers li ment findet sich, wie mir C. Hofmann mitteilt, auch im Roman de la violete, z. 2987. Man vergl. Francisque Michel, Le roman de la violette ou de Gérard de Nevers. Paris. 1834. 8. s. 148.

879—882. Statt dieser zeilen hat B:
Hurte grant aleure apres,
Sil vient ateignant si de pres;

Qui de loing muet et tant l'aproche,
Qu'il la cuide panre et n'i toche,
Einsi cil fuit et cil le chace
Si pres, qu'a po, qu'il ne l'anbrace,
885 Et si ne le parpuet ataindre,
Et s'est si pres, que il l'ot plaindre
De la destrece, que il sant;
Mes toz jorz a foir entant,
Et cil de chacier s'esvertue;
890 Qu'il crient sa poinne avoir perdue,
Se mort ou vif ne le retient;
Que des ranpones li sovient,
Que mes sire Kex li ot dites;
N'est pas de la promesse quites,
895 Que son cosin avoit promise,
Ne creuz n'iert an nule guise,
S'anseignes veraies n'anporte.
A esperon jusqu'a a la porte
De son chastel l'en a mene,
900 Si sont anz enbedui antre.
Home ne fame n'i troverent
Es rues, par ou il antrerent,
Si vindrent anbedui des les
Parmi la porte del pales.
905 La porte fu molt haute et lee,
Si avoit si estroite antree,
Que dui home ne dui cheval
Sanz ancombrier et sanz grant mal
N'i pooient ansanble antrer,
910 N'anmi la porte entrancontrer;
Car ele estoit autresi faite
Com l'arbaleste, qui agaite

*

Mes de loing muet et tant l'aproche,
Tenir le cuide, mes n'i toche.

892. 893. Vergl. oben, z. 588—609.
894. 895. Vergl. oben, z. 586. 587.
898. Diese zeile steht in A doppelt.

Le rat, quant il vient au forfet
Et l'espee est an son aguet,
915 Desus qui tret et fiert et prant,
Qu'ele eschape lors et descent,
Que riens nule adoise a la clef,
Ja n'i tochera si soef.
Ensi desus la porte estoient
920 Dui trabuchet, qui sostenoient Bl. 83ᵃ.
Amont une porte colant
De fer esmolue et tranchant.
Se riens sor ces engins montoit,
La porte d'amont descendoit;
925 S'estoit pris et dehachiez toz,
Cui la porte ateignoit desoz,
Et tot enmi a droit conpas
Estoit si estroiz li trespas,
Com se fust uns santiers batuz.
930 El droit santier s'est anbatuz
Li chevaliers molt sagemant,
Et mes sire Yveins folemant
Hurte grant aleure apres,
Si le vint ateignant si pres,
935 Qu'a l'arcon derriere le tint;
Et de ce molt bien li avint,
Qu'il se fu avant estanduz;
Toz eust este porfanduz,
Se ceste avanture ne fust;
940 Que li chevax marcha le fust,
Qui tenoit la porte de fer;

*

928–940. Statt dieser zeilen hat B folgende:
 Par estoit si estroiz li pas,
 Que s'il fust avant estenduz,
 Touz eust este porfenduz,
 Se ceste aventure ne fust;
 Car ses chevaux marcha le fust, u. s. f.

936. Vergl. unten, z. 4815.

Si com li deables d'anfer
Descent la porte et chiet aval,
S'ateint la sele et le cheval
945 Derriere et tranche tot parmi,
Mes ne tocha, la deu merci,
Mon seignor Yvein maintenant;
Qu'a res del dos li vint reant,
Si c'anbedeus les esperons
950 Li trancha a res des talons,
Et il chei molt esmaiez.
Cil, qui estoit a mort plaiez,
Li eschapa en tel meniere:
Une autel porte avoit derriere,
955 Come cele devant estoit;
Li chevaliers, qui s'anfuioit,
Par cele porte s'anfoi,
Et la porte apres lui chei.

Ensi fu mes sire Yvains pris;
960 Molt angoisseus et antrepris
Remest dedanz la sale anclos,
Qui tote estoit cielee a clos
Dorez et pointes les meisieres
De boene oevre et de colors chieres. Bl. 83[b.]
965 Mes de rien si grant duel n'avoit,
Come de ce qu'il ne savoit,
Quel part cil an estoit alez.
Une chanbrete iqui delez

*

942. li deables. Vergl. F. Diez, Grammatik der romanischen sprachen. III. Zweite ausgabe. Bonn. 1860. 8. s. 23. 24.

944. Diese zeile habe ich aus B aufgenommen. A widerholt statt derselben hier offenbar irrig z. 908: Sanz enconbrier et sanz grant mal.

950. Vergl. Crestien von Troies, s. 157, anm. 1. K. Simrock, Der gute Gerhard und die dankbaren toten. Ein beitrag zur deutschen mythologie und sagenkunde. Bonn. 1856. 12. s. 160. 161.

959—1083. Vergl. Hartmann, z. 1126—1256.
968. Vergl. unten, z. 1581.

Oi ovrir d'un huis estroit,
970 Que que il ert an son destroit;
S'an issi une dameisele,
Gente de cors et de vis bele,
Et l'uis apres li referma.
Qant mon seignor Yvein trova,
975 Sil esmaia molt de premiers.
„Certes", fet ele, „chevaliers,
Je criem, que mal soiez venuz;
Se vos estez ceanz tenuz,
Vos i seroiz toz depeciez;
980 Que mes sire est a mort bleciez,
Et bien sai, que vos l'avez mort.
Ma dame an fet .i. duel si fort
Et ses genz anviron lui crient,
Que par po de duel ne s'ocient;
985 Si vos sevent il bien ceanz;
Mes entr' ax est li diax si granz,
Que il n'i pueent or entandre,
Si vos voelent ocirre ou pandre.
A ce ne pueent il faillir,
990 Qant il vos voldront assaillir."
Et mes sire Yvains li respont:
„Ja, se deu plest, ne m'ocirront,
Ne ja par aus pris ne serai."
„Non"; fet ele, „que g'en ferai
995 Avoec vos ma puissance tote.
N'est mie prodom, qui trop dote:
Por ce cuit, que prodom soiez;
Que n'iestes pas trop esmaiez.
Et sachiez bien, se je pooie,
1000 Servise et enor vos feroie;

※

971. Vergl. unten, z. 1582. Ihren namen nennt der dichter erst z. 2414. 2415.

975. lesmaia AB. Vielleicht ist s'esmaia zu lesen

978. tenuz A. veuz B.

980. bleciez B. plaiez A.

1000. Vergl. dieselbe wendung nachher, z. 1011. 6686.

Car vos la feistes ja moi.
Une foiz a la cort le roi
M'envoia ma dame an message;
Espoir si ne fui pas si sage,
1005 Si cortoise, ne de tel estre,
Come pucele deust estre.
Mes onques chevaliers n'i ot,
Qu'a moi deignast parler .i. mot, Bl. 83c.
Fors vos tot seul, qui estes ci;
1010 Mes vos, la vostre grant merci,
M'i enorastes et servistes.
De l'enor, que vos m'i feistes,
Vos randrai ja le guerredon.
Bien sai, comant vos avez non,
1015 Et reconeu vos ai bien:
Filz estes au roi Urien
Et s'avez non mes sire Yvains.

*

1016. 1017. hurien B. Vergl. unten, z. 1818. 2122. 3623. Den helden der erzählung erwähnt unser dichter auch in seinem Erec (ausgabe von Bekker, s. 416; bei M. Haupt, Erec, s. xi) zugleich mit drei anderen rittern, welche denselben namen Yvain führen:
z. 1693 Esliz i fu avec Briein,
Et Yvains, li filz Uriein.
Yvains de Loenel fu outre,
D'autre part, lez Yvain l'Avoutre.
Lez Yvain de Cavaliot
Estoit Gorsoein d'Estrangot
Im Mantel mautaillé (bei F. Wolf, Über die lais, s. 353) liest man:
z. 471 Li rois prist par la destre main
L'amie monseignor Yvain,
Qui au roi Urien fu fil,
Le preu chevalier, le gentil,
Qui tant ama chiens et oisiaus.
Im mittelenglischen Ywaine and Gawin (in: Ancient engleish metrical romanceës, selected and publish'd by Joseph Ritson. I. London. 1802. 8. s. 31) heißt es:
z. 731 I wate, if thou by seldom sene,
Thou art the kyng son Uriene,
And thi name es sir Ywayne.
Ferner ebendas. s. 90:

Or soiez seurs et certains,
Que ja, se croire me volez,
1020 Ni seroiz pris ne afolez.
Et cest mien anelet prendroiz,
Et, s'il vos plest, sel me randroiz,
Quant je vos aurai delivre."
Lors li a l'anelet livre,
1025 Si li dist, qu'il avoit tel force,
Com a desus le fust l'escorce,
Qu'el le cuevre, qu'an n'en voit point.
„Mes il covient, que l'en l'anpoint
Si, qu'el poing soit la pierre anclose;
1030 Puis n'a garde de nule chose
Cil, qui l'anel an son doi a;
Que ja veoir ne le porra
Nus hom, tant ait les ialz overz,
Ne que le fust, qui est coverz
1035 De l'escorce, qu'an n'en voit point."
Mon seignor Yvain ce anjoint.

*

z. 2145 The tane of tham hat syr Gawayn,
And the tother hat syr Ywayn,
For hym sal i be done to dede,
To-morn right in this same stede,
He es the kinges son Uriene.
Man vergl. auch die anmerkung zu z. 1814.
1035. 1036. De lescorce qui sor lui nest
Ice mon seignor .y. plest. B.
Über den unsichtbar machenden ring vergl. man Crestien von Troies, s. 157, anm. 2. Die dort angeführte stelle des Benoit de Sainte More findet man nun auch bei G. K. Frommann, Herbort von Fritslar und Benoit de Sainte More. Aus Pfeiffers Germania. II. besonders abgedruckt. Stuttgart. 1857. 8. s. 22. Die zeilen 465—490 lauten hiernach:

Or te baillerai mon anel
Onqes nul home n'en vit si bel;
Et si saches bien, qe la piere
Ne puet estre en nul sens plus chiere:
Soz ciel n'a home, qi soit vis,
Des q'il l'aura en son doi mis,
Qe ja puis criembre enchantement:
Feu, arme, venin ne serpent

Et quant ele li ot ce dit,
Sel mena seoir en 1. lit,
Covert d'une coute si riche,
1040 Qu'ainz n'ot tel li dus d'Osteriche.
Cele dit, que, se il voloit,
A mangier li aporteroit.
Et il dist, qu'il li estoit bel.

*

Ne li puent faire enconbrier,
Ne en 'eve ne puet neier.
Tant com l'anel aurais sor toi,
Mais auraiz doute ne effroi!
Ancor a il autres vertuz:
Se tu ne voiz estre vencuz, [veuz?]
La piere met de fors ta main;
De ce te faiz je bien certain,
Qe la riens d'uels ne te vera;
Et qant ce iert, q'il te pleira
Et tu ne raurais de ce soign,
Clot la piere dedanz ton poign,
Veus seraiz com un autre home.
Onqes Otaviens de Rome
Ne puet conqerre cel avoir,
Qe ce peust contravaloir.
L'anel, amis, me garde bien!
Qar je l'aim plus qe nulle rien.

Man vergleiche auch: Herborts von Fritslâr Liet von Troye, herausgegeben von G. K. Frommann. Quedlinburg und Leipzig. 1837. 8. s. 230, zu z. 1027—36. Einen ring mit wunderbarer kraft erwähnt Crestien auch in seinem Roman del chevalier de la charrete; vergl. Crestien von Troies, s. 126. Man sehe auch unten die anmerkung zu z. 2600—2610, wo gleichfalls der wunderkraft eines ringes gedacht wird. Eine anspielung auf den ring, welchen Yvain hier empfängt, liest man in der Crône des Heinrich von dem Türlin (ausgabe von Scholl, s. 17):

z. 1343 Hetet ir der krefte ein teil,
Diu an dem vingerlîn was,
Dâ von her Îwein genas,
Daz im gap vrou Lûnete,
Do er iwern man erslagen hete,
Sô hetet ir wol getrunken.

Man vergl. auch F. W. V. Schmidt, Beiträge zur geschichte der romantischen poesie. Berlin. 1818. 8. s. 86. 87. F. Liebrecht, Des Gervasius von Tilbury Otia imperialia, s. 111.

La dameisele cort isnel
1045 En sa chanbre et revint molt tost,
S'aporta .I. chapon en rost
Et vin, qui fu de boene grape,
Plain pot covert de blanche nape.
Si li a a mangier osfert
1050 Cele, qui volentiers le sert,
Et cil, cui bien estoit mestiers,
Menja et but molt volentiers. Bl. 83ᵈ.
Qant il ot mangie et beu,
Furent par leanz espandu
1055 Li chevalier, qui le queroient,
Qui lor seignor vangier voloient,
Qui ja estoit an bieres mis.
Et cele li a dit: „Amis,
Oez, qu'il vos quierent ja tuit,
1060 Molt i a grant noise et grant bruit!
Mes qui veigne et qui que voise,
Ne vos movez ja por la noise!
Que vos ne seroiz ja trovez,
Se de cest lit ne vos movez.
1065 Ja verroiz plainne ceste sale
De gent molt envieuse et male,
Qui trover vos i cuideront;
Et si cuit, qu'il aporteront
Par ci le cors, por metre an terre;
1070 Si vos comanceront a querre

*

1046. Vergl. Guillems IX. romanze En Alvernhe, z. 31:
A manjar me deron capos.
Man sehe W Holland und A. Keller, Die lieder Guillems IX, grafen von Peitieu, herzogs von Aquitanien. Tübingen. 1850. 8. s. 17.

1047—50. Diese zeilen lauten in B:
Et .I. gastel et .I. nape
Et vin, qui fu de boenne grape,
Plein pot d'un boen henap covert.
Si li a a mengier offert.

1051 steht in A doppelt.

1054. espandu A. esmeu B.

Et desoz banz et desoz liz.
Si seroit solaz et deliz
A home, qui peor n'auroit,
Quant gent si avuglez verroit;
1075 Qu'il seront tuit si avugle,
Si desconfit, si desjugle,
Que il anrageront tuit d'ire.
Je ne vos sai ore plus dire,
Ne je ni os plus demorer;
1080 Mes deu puisse je aorer,
Qui m'a done le leu et l'eise,
De feire chose, qui vos pleise;
Que molt grant talant en avoie."
Lors s'est arriers mise a la voie;
1085 Et quant ele s'an fu tornee,
Fu tote la genz atornee,
Qui de .II. parz as portes vindrent
Et bastons et espees tindrent.
Si ot molt grant fole et grant presse
1090 De gent felenesse et angresse,
Et virent del cheval tranchie
Devant la porte la mitie.
Lors si cuidoient estre cert,
Qant li huis seroient overt,
1095 Que dedanz celui troveroient, Bl. 83ᵉ.
Que il por ocirre queroient.
Puis firent traire amont les portes,
Par coi maintes genz furent mortes;
Mes il n'i ot a celui siege
1100 Tandu ne paveillon ne piege,

*

1076. Vergl. unten, z. 6052.
1080. Vergl. unten, z. 5888.
1084—1200. Vergl. Hartmann, z. 1257—1380.
1099—1101. B hat:
    Mes il n'i ot a celui trege
    Tendu ne trebuchet ne piege,
    Einz i hurterent tuit d'un front.

Einz i entrerent tuit de front;
Et l'autre mitie trovee ont
Del cheval mort devant le suel;
Mes onques entr'ax n'orent oel,
1105 Don mon seignor Yvain veissent,
Que molt volentiers oceissent.
Et il les veoit anragier
Et forssener et correcier.
Et disoient: „Ce que puet estre?
1110 Que ceanz n'a huis ne fenestre,
Par ou riens nule s'an alast,
Se ce n'ert oisiax, qui volast,
Ou escuriax ou cisemüs
Ou beste ausi petite ou plus;
1115 Que les fenestres sont ferrees
Et les portes furent fermees,
Lors que mes sire en issi fors.
Morz ou vis est ceanz li cors;
Que defors ne remest il mie.
1120 La sele assez plus que demie
Est ça dedanz, ce veons bien,
Ne de lui ne trovomes rien,
Fors que les esperons tranchiez,
Qui li cheirent de ses piez.
1125 Or au cerchier par toz ces engles!
Si lessomes ester ces gengles!
Qu'ancor est il ceanz, ce cuit,
Ou nos somes anchante tuit,
Ou tolu le nos ont maufe."
1130 Ensi trestuit d'ire eschaufe
Parmi la sale le queroient
Et parmi les paroiz feroient
Et par les liz et par les bans;
Mes des cos fu quites et frans
1135 Li liz, ou cil estoit couchiez,

*

1122—1124. Vergl. oben, z. 946—950.
1129. Vergl. die anmerkung zu 5279.

Qu'il n'i fu feruz ne tochiez;
Mes assez ferirent antor
Et molt randirent grant estor
Par tot leanz de lor bastons, Bl. 83f.
1140 Com avugles, qui a tastons
Va aucune chose cerchant.
Que qu'il aloient reverchant
Desoz liz et desoz eschames,
Vint une des plus beles dames,
1145 C'onques veist riens terriene
De si tres bele crestiene.
Ne fu onques plez ne parole,
Mes de duel feire estoit si fole,
Qu'a po, qu'ele ne s'ocioit.
1150 A la foiee si crioit
Si haut, come ele pooit plus,
Et recheoit pasmee jus.
Et quant ele estoit relevee,
Ausi come fame desvee
1155 Se comancoit a dessirier
Et ses chevols a detranchier.
Ses mains detuert et ront ses dras,
Si se repasme a chascun pas,
Ne riens ne la puet conforter;
1160 Que son seignor en voit porter
Devant li en la biere mort,

*

1138. Auf diese zeile folgt in B:
Morz ou vis est ceenz li cors;
Car il n'est pas remes la fors.
Par tout batent de lor bastons.

1144. Nähere bezeichnung der herrin des brunnens gibt der dichter erst z. 2151—2153.

1155—1158 lauten in B:
Se comencoit a descirer
Et ses chevox a detirer.
Ses chevox tire et ront ses dras,
Pasmee chiet a chascun pas.

1157. Vergl. nachher z. 1298 und die anmerkung zu z. 1415.

Don ja ne cuide avoir confort;
Por ce crioit a haute voiz.
L'eve beneoite et les croiz
1165 Et li cierge aloient avant
Avoec les dames d'un covant
Et li texte et li ancenssier
Et li clerc, qui sont despanssier
De feire la haute despansse,
1170 A cui la cheitive ame pansse.
Mes sire Yvains oi les criz
Et le duel, qui ja n'iert descriz,
Ne nus ne le porroit descrivre,
Ne tex ne fu escriz an livre.
1175 Et la processions passa,
Mes enmi la sale amassa

*

1167. Man vergl. Crestiens Erec (ausgabe von Bekker, s. 549):
z. 6850 Quant il uindrent a l'aueschie,
Encontr'aus issi tote fors,
O reliques et o tressors,
La processions dou mostier.
Croiz et textes et encensier
Et chasses o toz les cors sainz,
Dont en l'iglise auoit mainz,
Lor fu a l'encontre fors trait.
Im Roman de Partenopex de Blois (ausgabe von Crapelet. II. s. 195) liest man:
z. 10763 Moult i porta l'on textes chiers,
Camdelarbres et encensiers
Et grans chases od grans cors sains.
Im Roman de l'escouffle, (handschrift der Pariser arsenalbibliothek, b. l. f. 4. nr 178, bl. 2 sp. 2ᵇ., z. 8) heißt es:
Tous li mostiers fu plains de gent
O encensiers, o crois d'argent,
O textes et o luminaire.
Man sehe die stelle bei Fr. Michel, Chronique des ducs de Normandie par Benoît. III. Paris. 1844. 4. s. 861.

1170. A coi la lasse dame panse B.

1176—1179. Statt dieser beiden zeilen hat B:
Environ la biere amassa.
De chevaliers .i. tex n'i ot.

Entor la biere uns granz toauz;
Que li sans chauz, clers et vermauz
Rissi au mort parmi la plaie.
1180 Et ce fu provance veraie,
Qu'ancor estoit leanz sanz faille
Cil, qui ot feite la bataille
Et qui l'avoit mort et conquis. Bl. 84ᵃ.
Lors ont partot cerchie et quis
1185 Et reverchie et tremue
Si, que tuit furent tressue
De grant angoisse et de tooil,
Qu'il orent por le sanc vermoil,
Qui devant aus fu degotez.
1190 Puis fu molt feruz et botez
Mes sire Yveins la, ou il jut,
Mes ainz por ce ne se remut;
Et les genz plus et plus crioient
Por les plaies, qui escrevoient.
1195 Si se mervoillent, por coi seinnent,
N'il ne truevent, de coi se pleingnent.
Et dit chascuns et cil et cist:
„Entre nos est cil, qui l'ocist,
Ne nos ne le veomes mie.
1200 Ce est mervoille et deablie."
Por ce tel duel par demenoit
La dame, qu'ele forssenoit
Et crioit come fors del san:

*

Et li sans touz clers en raiot
Au chevalier parmi la plaie.

1183. Vergl. Crestien von Troies, s. 157, anm. 3. — Den glauben, daß die wunden des getöteten beim herannahen des mörders von neuem zu bluten beginnen, hat, wie Shakspere (König Richard III. act I. sc. 2.), bekanntlich auch noch Schiller in der Braut von Messina gegen den schluß verwendet, wo der chor, als don Cesar sich der leiche des von ihm erschlagenen don Manuel nähert, die worte spricht: „Brechet auf, ihr wunden!" u. s. f.

1188. Et dient por le sanc vermeil B. Vergl. unten, z. 4527. 4528.

1201—2055. Vergl. Hartmann, z. 1381—2370.

„Ha, dex! don ne trovera l'an,
1205 L'omecide, le traitor,
Qui m'a ocis mon boen seignor,
Boen, voire le meillor des buens!
Voirs dex, li torz an seroit tuens,
Se tu l'en leisses eschaper!
1210 Autrui, que toi, n'en doi blasmer;
Que tu le m'anbles a veue;
Einz tex force ne fu veue,
Ne si lez torz, com tu me fez;
Que nes veoir ne le me lez
1215 Celui, qui est si pres de moi!
Bien puis dire, quant je nel voi,
Que antre nos s'est ceanz mis
Ou fantosmes ou anemis,
S'an sui anfantosmee tote;
1220 Ou il est coarz, si me dote,
Coarz est il, quant il me crient;
De grant coardise li vient,
Qant devant mostrer ne s'ose.
Ha, fantosme, coarde chose,

*

1218. anemis ohne artikel. Vergl. F. Diez, Grammatik der romanischen sprachen. III. Zweite ausgabe. S. 24. Vergl. übrigens auch unten, z. 4165. Vergl. J. Grimm, Deutsche mythologie. Zweite ausgabe. II. Göttingen. 1844. 8. s. 941. Vergl. auch Burguy, Grammaire de la langue d'oïl. III. s. 14. Daß der artikel nicht immer wegbleibt, zeigt folgende stelle von Rutebeuf. I. s. 295 (bei Burguy, Gramm. de la langue d'oïl. II. s. 17):

Qui fame voudroit decevoir,
Je li faz bien apercevoir,
Qu'avant decevroit l'anemi,
Le deable, a champ arami.

1223. Vielleicht ist zu lesen: Qant-devant moi. B hat: Quant adevant mostrer ne s'ose.

1224. Man sehe unten, z. 4406. Man vergl. ferner folgende stelle des Romans de la poire, in der Hist. litt. de la France. XXII. s. 878:

He! envieus, chose dolente,
Que te vaut d'un amant grever?

1225 Por qui es vers moi acoardie,
Quant vers mon seignor fus hardie?
Que ne t'ai or an ma baillie?
Ta puissance fust ja faillie! Bl. 84ᵇ·
Por coi ne te puis or tenir?
1230 Mes ce comant pot avenir,
Que tu mon seignor oceis,
Se an traison nel feis?
Ja voir par toi conquis ne fust
Mes sires, se veu t'eust;
1235 Qu'el monde son paroil n'avoit,
Ne dex ne hom nel i savoit,
Ne il nen i a mes nul tex.
Certes, se tu fusses mortex,
N'osasses mon seignor atendre;
1240 Qu'a lui ne se pooit nus prendre!"
Ensi la dame se debat,

*

So auch im Romans d'Alixandre:
 E! mors, dolante cose, dolante riens puor!
Man sehe die stelle bei H. Michelant, Li romans d'Alixandre. Stuttgart. 1846. 8. (Bibliothek des lit. vereins in Stuttgart XIII.) s. 529. 9.
Im Roman de Dolopathos, ausgabe von Ch. Brunet und A. de Montaiglon, s. 144. 145, heißt es:
 „Avoi, fole chose," fet ele,
 „Desloiax, dolente et chetive,
 „La plus chetive riens, ki vive,
 . . . .
 Moult as or bien ton laz tendu!"
Man vergl. auch E. Mätzner, Altfranzösische lieder, berichtigt und erläutert. Berlin. 1853. 8. s. 171. — Über fantosme (auch vorhin, z. 1218) sehe man übrigens auch J. Grimm, Deutsche mythologie. Zweite ausgabe. I. s. 450. 451.

1227—1230. B hat:
 Chose vaine, chose faillie,
 Que ne t'ai or en ma baillie?
 Que ne te puis ore tenir?
 Mes ce coment puet avenir...

1241—1244. In B lautet diese stelle:
 Einsint la dame se combat,

Ensi tot par li se conbat,
Ensi tot par li se confont;
Et avoec lui ses genz refont
1245 Si grant duel, que greignor ne pueent.
Le cors anportent, si l'anfueent,
Et tant ont quis et tribole,
Que de querre sont saole,
Si le leissent tot par enui;
1250 Qu'il ne pueent veoir nelui,
Qui de rien an face a mescroire.
Et les nonains et li provoire
Orent ja fet tot le servise,
Repeirie furent de l'iglise
1255 Et venu sor la sepouture.
Mes de tot ice n'avoit cure
La dameisele de la chanbre;
De mon seignor Yvain li manbre,
S'est a lui venue molt tost
1260 Et dit: „Biau sire, a molt grant ost
A ceanz ceste gent este,
Molt ont par ceanz tanpeste
Et reverchiez toz ces quachez
Plus menuement, que brachez
1265 Ne vet tracent perdriz ne caille.
Peor avez eu sanz faille?"
„Par foi", fet il, „vos dites voir;
Ja si grant ne cuidai avoir.
Encores, se il pooit estre,
1270 Ou par pertuis ou par fenestre
Verroie volentiers la fors   Bl. 84ᶜ·
La procession et le cors."
Mes il n'avoit entention
N'au cors, n'a la procession;

*

Einsint tout par lui se debat,
Einsint se tormente et confont;
Et ses genz avec lui refont . . .

1273. entention B. en la meison A.

1275 Qu'il volsist, qu'il fussent tuit ars,
Si li eust coste cent mars;
Cent mars? voire plus de cent mile.
Mes por la dame de la vile,
Que il voloit veoir, le dist.
1280 Et la dameisele le mist
A une fenestre petite.
Quanqu'ele puet, vers lui s'aquite
De l'enor, qu'il li avoit feite.
Parmi cele fenestre agueite
1285 Mes sire Yvains la bele dame,
Qui dit: „Biau sire, de vostre ame
Ait dex merci si voiremant,
Com onques, au mien esciant,
Chevaliers sor cheval ne sist,
1290 Qui de rien nule vos vausist!
De vostre enor, biax sire chiers,
Ne fu onques nus chevaliers,
Ne de la vostre conpaignie!
Largesce estoit la vostre amie,
1295 Et hardemenz vostre conpainz.
En la conpaignie des sainz
Soit la vostre ame, biax dolz sire!"
Lors se deront et se dessire
Trestot, quanque as mains li vient.
1300 A molt grant poinne se retient
Mes sire Yveins, a que qu'il tort,
Que les mains tenir ne li cort.
Mes la dameisele li prie
Et loe et comande et chastie
1305 Come gentix et deboneire,
Qu'il se gart de folie feire,

*

1289. 1290. Ahnlich heißt es in: Li romans de Garin le Loherain, publ. par Paulin Paris. II. Paris. 1835. 8. s. 193:
Mieudres de lui ains en cheval ne sist.

1298. Vergl. oben, z. 1157.

Et dit: „Vos estes ci molt bien,
Gardez, ne vos movez por rien,
Tant que cist dels soit abeissiez,
1310 Et cés genz departir leissiez;
Qu'il se departiront par tens!
S'or vos contenez a mon sens,
Si com je vos lo contenir,
Granz biens vos an porra venir;
1315 Ci poez ester et seoir   Bl. 84^d.
Et anz et fors les genz veoir,
Qui passeront parmi la voie,
Ne ja n'iert nus hom, qui vos voie;
Si auroiz molt grant aventage.
1320 Mes gardez vos de dire outrage!
Car qui se desroie et sormoinne
Et d'outrage feire se poinne,
Qant il en a et eise et leu,
Jel apel plus malves que preu.
1325 Gardez, se vos pansez folie,
Que por ce ne la feites mie!
Li sages son fol panse cuevre
Et met, s'il puet, le san a oevre:
Or vos gardez bien come sages,
1330 Que n'i lessiez la teste an gages;
Qu'il n'en panroient reancon!

*

1309. dels B. dist A.

1320—1324 fehlen B.

1327. Man vergl. folgende ähnliche sprüche: Sages homes son maltalent cœuvre. Romans de la rose.

        Li haus hom molt folement oevre,
        Qui grant conseil vilain descuevre.

Adenes im Cleomades (hs. der Pariser arsenalbibliothek, nr 175, belles-lettres françaises, bl. 1^b., angeführt bei F. Michel, Chronique des ducs de Normandie. II. s. 388.).

        Fox est ke dit qanke il pense.

Li romans de Dolopathos, ausgabe von Ch. Brunet und A. de Montaiglon. Paris. 1856. 8. s. 149.

1330. ne metez B.

Soiez por vos an cusancon
Et de mon consoil vos soveigne!
S'estez an pes, tant que je veigne;
1335 Que je n'os plus ci arester;
Car gi porroie trop ester;
Espoir que l'en m'an mescresroit,
Por ce que l'en ne me verroit
Avoec les autres an la presse;
1340 S'an panroie male confesse."
Atant s'en part et cil remaint,
Qui ne set, an quel se demaint;
Que del cors, qu'il voit, qu'an enfuet,
Li poise, quant avoir nen puet
1345 Aucune chose, qu'il anport
Tesmoing, qu'il l'a conquis et mort.
S'il n'en a tesmoing et garant,
Que mostrer puisse a parlemant,
Donc iert il honiz en travers;
1350 Tant est Kex et fel et pervers,
Plains de ranpones et d'enui,
Qu'il ne garra james a lui,
Einz l'ira forment afeitant
Et gas et ranpones gitant,
1355 Ausi com il fist l'autre jor;
Males ranpones a sejor
Li sont el cors batanz et fresches.
Mes de son miel et de ses breches

*

1334. Soiez B.
1342. conteint B.
1346. conquis B. ocis A.
1347. 1348. B hat:
    Que mostrer poist en parant,
    S'il n'en a tesmoig ne garant.
1350. Vergl. oben, z. 70.
1352. Que mes ne gariroit a lui B.
1353. Touz jorz mes l'iroit ramponant B.
1358. Ich habe diese zeile aus B aufgenommen. — A hat:
    Mes de son cuer et de ses lermes.

Li radolcist novele amors, Bl. 84ᵉ.
1360 Qui par sa terre a fet .I. cors,
S'a tote sa proie acoillie.
Son cuer a o soi s'anemie,
S'enmoine ce, qu'elle plus het;
Bien a vangiee, et si nel set,
1365 La dame la mort son seignor;
Vangence en a feite greignor,
Que ele panre n'an seust,
S'Amors vangiee ne l'eust,
Qui si dolcement le requiert,
1370 Que par les ialz el cuer le fiert,
Et cist cos a plus grant duree,
Que cos de lance ne d'espee:
Cos d'espee garist et sainne
Molt tost, des que mires i painne,
1375 Et la plaie d'Amors anpire,
Qant ele est plus pres de son mire.
Cele plaie a mes sire Yvains,
Dom il ne sera james sains;
Qu'Amors s'est tote a lui randue,
1380 Les leus, ou ele ert espandue,
Vet reverchant et si s'an oste
Ne vialt avoir ostel ne oste,
Se cestui non, et que preuz fet,
Quant de malves leu se retret.
1385 Por ce qu'a lui tote se doint,
Ne cuit, qu'aillors ait de lui point.
Si cerche toz ces vix ostex;
S'est granz diax, quant Amors est tex
Et quant ele si mal se prueve,
1390 Qu'el plus despit leu, qu'ele trueve,

*

1359. Le rendoucist B.
1362. Son cuer enmoine s'ennemie B.
1363. S'aimme la rien qui plus le het A.
1369. 1370 fehlen B.
1370—1378. Vergl. unten, z. 5374. 5375.

Se herberge ele autresi tost,
Com an tot le meillor de l'ost.
Mes or est ele bien venue,
Ci ert ele bien maintenue,
1395 Et ci li fet boen sejorner;
Ensi se devroit atorner
Amors, qui est molt haute chose.
Car mervoille est, comant ele ose
De honte an malves leu descendre;
1400 Celui sanble, qui an la cendre
Et an la poudre espant son basme
Et het enor et aimme blasme
Et destranpre suie de miel   Bl. 84 f.
Et mesle cucre avoeques fiel;
1405 Mes or n'a ele pas fet cue,
Logiee s'est an franc alue,
Dom nus ne li puet feire tort.
Qant en ot anfoi le mort,
S'an partirent totes les genz;
1410 Clers ne chevaliers ne sergenz
Ne dame n'i remest, que cele,
Qui sa dolor mie ne cele;
Mes iqui remest tote sole
Et sovant se prant a la gole
1415 Et tort ses poinz et bat ses paumes
Et list en .I. sautier ses saumes,
Anlumine a letres d'or.
Et mes sire Yvains est ancor
A la fenestre, ou il l'esgarde,
1420 Et quant il plus s'an donc garde,
Plus l'aimme et plus li abelist.

*

1391. ele fehlt B.

1405. 1406 fehlen B.

1415. Vergl. z. 1157. 1488. Man vergl. auch folgende stelle aus dem Gerard de Viane, bei Imm. Bekker, Der roman von Fierabras. s. xxxvii, z. 2499: Lors crins derompent et detordent lors poinz.

Ce, qu'ele plore et qu'ele list,
Volsist, qu'ele lessie eust,
Et qu'a lui parler li pleust.
1425 An ce voloir l'a Amors mis,
Qui a la fenestre l'a pris;
Mes de son voloir se despoire;
Car il ne puet cuidier ne croire,
Que ses voloirs puisse avenir,
1430 Et dit: „Por fos me puis tenir,
Quant je vuel ce que ja n'avrai.
Son seignor a mort li navrai,
Et je cuit a li pes avoir?
Par foi je ne cuit pas savoir,
1435 Qu'ele me het plus orendroit,
Que nule rien, et si a droit.
D'orendroit? ai ge dit que sages?
Que fame a plus de cent corages:

*

1438. plus de mil B. — Man vergleiche folgende stelle aus „Le blastange des fames" (herausgegeben von Achille Jubinal, Jongleurs et trouvères. Paris. 1835. 8. s. 77. 78.):

Fame a corage si divers,
C'on en pourroit fere .x. vers.
Fame a corage si commun,
Autant en aime .ii. comme .i.
Ce qu'ele otrie et contredist
Veut et desveut, dit et desdist.
Or aime, or het, or rist, or pleure,
Ore desouz, ore deseure;
Ades ses cuers s'alete et vole;
Legiers ert comme pole yole,
Et plus tornanz, que ne soit pie.
Mult est fols, qui en li se fie;
En eles se doit nus fier,
S'il n'en a ou gage ou chatel.
Qui veut a bien baer, s'enfuie
Et toz tens devant fame fuie.

Ähnlich heißt es im Roman de Dolopathos:
z. 4254 En pou d'oure est fame muee;
S'amor a moult pou de duree;
Fame se chainge en petit d'eure:

Celui corage, qu'ele a ore,
1440 Espoir changera ele ancore,
Ainz le changera sanz espoir:
Molt sui fos, quant je m'an despoir,
Et dex li doint ancor changier!
Qu'estre m'estuet an son dongier
1445 Toz jorz mes, des qu' Amors le vialt.
Qui Amor en gre ne requialt,
Des qu'ele antor li l'atret,   Bl. 85ᵃ·
Felenie et traison fet,
Et je di (qui se vialt, si l'oie!),
1450 Que cil n'a droit en nule joie.
Mes por ce ne perdrai je mie,
Toz jorz amerai m'anemie;
Que je ne la doi pas hair,
Se je ne voel Amor trair;
1455 Ce, qu'Amors vialt, doi je amer.
Et doit me ele ami clamer?
Oil, voir, por ce que je l'aim.
Et je m'anemie la claim?
Qu'ele me het, si n'a pas tort;

*

Orendroit rit, orendroit plore,
Or chace, or fuit, or het, or aimme;
Fame est li oisiax seur la raimme,
Qui or descent et or remonte.

Man sehe diese stelle in: Li romans de Dolopathos, publié pour la première fois en entier ... par MM. Charles Brunet et Anatole de Montaiglon. Paris. MDCCCLVI. 8. s. 147. — Im Roman de Mahomet, (ausgabe von Reinaud und Fr. Michel) s. 52. 53, heißt es:

  z. 1252 Femme est de molt legier corage;
    Tost a dit parole volage,
    Quant pense l'a, ou fole ou sage.

1143. 1444 fehlen B.

1449. 1450 fehlen B.

1454. Auf diese zeile folgt in B:
    Et je di (qui vodra, si l'oie!),
    Que ne doit avoir bien ne joie,
    Mes par ce n'en perdrai ge mie,
    Encore amerai m'anemie.

1460 Que ce, qu'ele amoit, li ai mort.
Donques sui ge ses anemis?
Nel sui certes, mes ses amis;
Onques rien tant amer ne vox.
Grant duel ai de ses biax chevox,
1465 Qui fin or passent, tant reluisent;
D'ire m'esprenent et aguisent,
Qant je les voi rompre et tranchier;
N'onques ne pueent estanchier
Les lermes, qui des ialz li chieent;
1470 Totes ces choses me dessieent.
Atot ce qu'il sont plain de lermes,
Si qu'il n'en est ne fins ne termes,
Ne furent onques si bel oel;
De ce qu'ele plore, me duel,
1475 Ne de rien n'ai si grant destrece,
Come de son vis, qu'ele blece;
Qu'il ne l'eust pas desservi.
Onques si bien taillie ne vi,
Ne si fres ne si colore;
1480 Mes ce me par a acore,
Que ele est a li enemie,
Et voir ele ne se faint mie,
Qu'au pis, qu'ele puet, ne se face,
Et nus cristauz ne nule glace
1485 N'est si clere ne si polie.
Dex! por coi fet si grant folie
Et por coi ne se blece mains?
Por coi detort ses beles mains
Et fiert son piz et esgratine?
1490 Don ne fust ce mervoille fine

*

1462. Nenil, mes certes B.

1463 folgt in A offenbar unrichtig auf 1464. Ich habe diese zeilen nach der ordnung in B umgestellt.

1481. 1482. Statt dieser zeilen hat B:
Que je li voi sa gorge estreindre;
Et ele ne se velt pas feindre ...

1488. Vergl. die anmerkung zu z. 1415.

  A esgarder, s'ele fust liee,   Bl. 85 b.
  Qant ele est or si bele iriee?
  Oil, voir, bien le puis jurer,
  Onques mes si desmesurer
1495 An biaute ne se pot Nature;
  Que trespasse i a mesure,
  Ou ele espoir n'i ovra onques.

      *

1493—1508. Man vergleiche hiermit folgende schilderung in unseres Crestien erzählung von Erec (ausg. von Bekker, s. 383. 384):
 z. 405 Mout estoit la pucele gente;
   Que tote i auoit mis s'entente
   Nature, qui faite l'auoit;
   Ele meismes s'en estoit
   Plus de cinq cenz fois meruoillie,
  410 Coment une soule feie
   Tant bele chose faire pot,
   Ne puis tant pener ne se pot,
   Qu'ele peust son examplaire
   En nule guise contrefaire.
  415 De ceste tesmoingne Nature,
   C'onques si bele creature
   Ne fu ueue en tot le monde.
   Por uoir uos di, qu' Iseuz la blonde
   N'ot tant les crins sors et luisanz,
  420 Que a cesti ne fu neanz.
   Plus ot, que n'est la flor de lis,
   Cler et blanc le front et le uis.
   De la blanchor estoit merueille.
   D'une color fresche et uermeille,
  425 Que Nature li ot donee,
   Estoit sa face enluminee.
   Li huil si grant clarte rendoient,
   Que deus estoiles resembloient.
   Onques dex ne sot faire miauz
  430 Le nes, la boche, ne les iauz.
   Que diroie de sa beaute?
   Ce fu cele por uerite,
   Qui fu faite por esgarder;
   Qu'en li se peust on mirer
  435 Ausi com en un mireour.
Man vergl. auch J. Grimm, Deutsche mythologie. I. s. 15. 16. 20. 126—129. II. s. 1199.

Comant poist ce estre donques,
Don fust si grant biaute venue?
1500 Ja la fist dex de sa main nue,
Por Nature feire muser.
Tot son tans i porroit user,
S'ele la voloit contrefere;
Que ja n'en porroit a chief trere;
1505 Nus d'aus, s'il s'an voloit pener,
Ce cuit, ne porroit asener,
Que james nule tel feist,
Por poinne, que il i meist."
Ensi mes sire Yvains devise
1510 Celi, qui de duel se debrise;
N'ainz mes ne cuit, qu'il avenist,
Que nus hom, qui prison tenist,
Tel com mes sire Yvains la tient,
Qui de la teste perdre crient,
1515 Amast an si fole meniere,
Dom il ne fera ja proiere
Ne autres por lui, puet cel estre.

*

1501. Nature ohne artikel, wie oben, z. 381. Man sehe auch nachher, z. 3414. Vergl. F. Diez, Grammatik der romanischen sprachen. III. Zweite ausgabe. s. 24. So heißt es auch in Floire et Blanceflor (ausg. von E. Du Méril) s. 108. 115:

z. 2608 Ainc ne fist plus bele Nature.
. . . .
z. 2776 Plus biaus ne fist onques Nature.

Ebenso im Roman de Dolopathos, ausgabe von Ch. Brunet und A. de Montaiglon, s. 137:

Sa grant biaute le decevoit;
Car ge ne cuit, c'onkes Nature
Feist blus bele creature.

Man vergl. auch C. Sachs, Mitteilungen aus handschriften, in: L. Herrigs Archiv für das studium der neueren sprachen und litteraturen. XXI. Braunschweig. 1857. 8. s. 263.

1505. Ne dex B.

1517. cele estre B. — In Waces Roman de Brut (ausgabe von Le Roux de Lincy. II. Rouen. 1838. 8. s. 118) heißt es:

z. 10953 Julius Cesar, nostre ancestre,
Mais poi le prises, puet cel estre,

Tant demora a la fenestre,
Qu'il an vit la dame raler
1520 Et que l'en ot fet avaler
Anbedeus les portes colanz.
De ce fust uns autres dolanz,
Qui mialz amast sa delivrance,
Qu'il ne feist la demorance;
1525 Et il met tot autant a oevre,
Se l'en les clot, com s'an les oevre.
Il ne s'an alast mie certes,
Se eles li fussent overtes,
Ne se la dame li donast
1530 Congie et si li pardonast
La mort son seignor boenemant,
Si s'en alast seuremant;
Qu'amors et honte le retient,
Qui de .II. parz devant li vient.
1535 Il est honiz, se il s'en va;   Bl. 85 c.
Que ce ne recresroit en ja,
Qu'il eust ensi esploitie;
D'autre part ra tel covoitie
De la bele dame veoir
1540 Au moins, se plus nen puet avoir;
Que de la prison ne li chaut;
Mialz vialt morir, que il s'en aut.
Mes la dameisele repeire,
Qui li vialt compaignie feire
1545 Et solacier et deporter
Et porchacier et aporter

*

Prist Bretaigne, si ot treu
Et li nostre l'ont puis eu.
z. 10954 erklärt Le Roux de Lincy: Mais tu l'estimes peut-être bien peu.

1521. Vergl. unten, z. 3631.
1528. ele A. Se ades li B.
1533. 1534. retienent: vienent B.
1538. a B.

Quanque il voldra a devise.
De l'amor, qui en lui s'est mise,
Le trova trespanse et vain;
1550 Si li a dit: „Mes sire Yvain,
Quel siegle avez vos puis eu?"
„Tel", fet il, „qui molt m'a pleu."
„Pleu? Por deu, dites vos voir?
Comant puet donc boen siegle avoir,
1555 Qui voit, qu'an le quiert por ocirre?
Cil aimme sa mort et desirre."
„Certes", fet il, „ma dolce amie,
Morir ne voldroie je mie,
Et si me plot molt tote voie
1560 Ce que je vi, se dex me voie,
Et plot et pleira toz jorz mes."
„Or le leissons atant an pes!"
Fet cele, qui bien set antendre,
Ou ceste parole vialt tendre,
1565 „Ne sui si nice, ne si fole,

*

1553. „Pleu?" „Par deu, vos dites voir." B.
1559. plest B.
1560. Ce que je sui B. — Vergl. unten, z. 4913.
1561. 1562 fehlen B.
1563. ele que B. sai B.
1564. Ou vostre B.

1565. Vergl. unten, z. 6389: Une response nice et fole. In unseres dichters erzählung von könig Wilhelm von England heißt es s. 168:

Lor contenances et lor cieres
Furent si foles et si niches,
Que des mantiax et des pelices
Sanloit, c'on lor eust prestes.

Man vergl. ferner folgende stellen:

Et Cliges enama Fenice,
Qui nen fu ne fole ne nice.

La requeste d'amours, bei A. Jubinal, Jongleurs et trouvères, s. 145; Crestien von Troies, s. 54.

Mes mult est ore fous et nices,
Qui n'entent bien et set et voit,

Que bien n'entande une parole.
Mes or an venez apres moi!
Que je panrai prochein conroi,
De vos gitier fors de prison;
1570 Bien vos metrai a garison,
S'il vos plest, enuit ou demain.
Or an venez, je vos anmain!"
Et il respont: „Soiez certainne,
Je n'an istrai fors de semainne
1575 En larrecin ne an enblee.
Qant la genz iert tote asanblee
Parmi ces rues la defors,
Plus a enor m'en istrai lors,
Que je ne feroie nuitantre." Bl. 85 d.
1580 A cest mot apres li s'en antre
Dedanz la petite chanbrete.
La dameisele, qui fu Brete,
Fu de lui servir an espans,
Si li fist creance et despans
1585 De tot quanque il li covint;
Et quant leus fu, si li sovint
De ce que il li avoit dit,
Que molt li plot ce que il vit,
Que par la sale le queroient
1590 Les genz, qui de mort le haioient.

La dameisele estoit si bien
De sa dame, que nule rien
A dire ne li redotast,
A que que la chose montast;

*

Que ja orfeures ne feroit
Hanap d'argent, croiz ne anel
Sanz les ostiex et le martel,
Que li feures lor fet avant.

Le dit des feures, bei Jubinal, a. a. o., s. 131. 132.

1581. Devers B. Vergl. oben, z. 968.

1582. Vergl. unten, z. 2415.

1588. que il vit B. que ele vit A. Vergl. oben, z. 1559. 1560.

1595 Qu'ele estoit sa mestre et sa garde.
Et por coi fust ele coarde
De sa dame reconforter
Et de son bien amonester?
La premiere foiz a consoil
1600 Li dist: „Dame, molt me mervoil,
Que folement vos voi ovrer.
Dame, cuidiez vos recovrer
Vostre seignor por vostre duel?"
„Nenil", fet ele, „mes mon vuel
1605 Seroie je morte d'enui."
„Por coi?" „Por aler apres lui."
„Apres lui? Dex vos an desfande,
Qui ausi boen seignor vos rande,
Si com il an est posteis!"
1610 „Einz tel manconge ne deis;
Qu'il ne me porroit si boen randre."
„Meillor, se vos le volez prandre,
Vos randra il, sel proverai."
„Fui, teis! Ja tel ne troverai."
1615 „Si feroiz, dame, s'il vos siet.
Mes or dites, si ne vos griet,
Vostre terre qui desfandra,
Quant li rois Artus i vendra,
Qui doit venir l'autre semainne
1620 Au perron et a la fontainne?
N'en avez vos eu message
De la dameisele sauvage,
Qui letres vos en anvea?   Bl. 85e.
Ahi, con bien les anplea!
1625 Vos deussiez or consoil prendre,
De vostre fontainne desfandre,

*

1605. Seroie morte avecques lui B.
1607. uos en deffende B.
1608. Et ausint B.
1613. Vos rendrai, sil vos proverai B.
1619. Vergl. z. 664. 2085.

Et vos ne finez de plorer!
N'i eussiez que demorer,
S'il vos pleust, ma dame chiere;
1630 Que certes une chanberiere
Ne valent tuit, bien le savez,
Li chevalier, que vos avez.
Ja par celui, qui mialz se prise,
Nen iert escuz ne lance prise;
1635 De gent malveise avez vos moult;
Mes ja n'i aura si estout,
Qui sor cheval monter en ost;
Et li rois vient a si grant ost,
Qu'il seisira tot sanz desfansse."
1640 La dame set molt bien et pansse,
Que cele la consoille an foi;
Mes une folie a en soi,
Que les autres fames i ont:
Trestotes a bien pres le font,
1645 Que de lor folie s'ancusent
Et ce, qu'eles voelent, refusent.
„Fui", fet ele, „lesse m'an pes!
Se je t'an oi parler james,
Ja mar feras mes, que t'anfuies;
1650 Tant paroles, que trop m'enuies."
„A beneor", fet ele, „dame!
Bien i pert, que vos estes fame,
Qui se corroce, quant ele ot
Nelui, qui bien feire li lot."
1655 Lors s'an parti, si la leissa,
Et la dame se rapanssa,

*

1630—1639. Ihre geringschätzige meinung widerholt Lunete später, z. 6546—6563. Das nemliche urteil spricht die herrin selbst über ihre ritter aus. Vergl. unten, z. 6582—6585.

1640—1646. Vergl. G. G. Gervinus, Geschichte der deutschen dichtung. I. Vierte, gänzlich umgearbeitete ausgabe. Leipzig. 1853. 8. s. 376. 377. anm. 355.

1645. folies s'escusent B.

1656. rapaisa B.

Qu'ele avoit si grant tort eu;
Molt volsist bien avoir seu,
Comant ele poist prover,
1660 Qu'an porroit chevalier trover
Meillor, c'onques ne fu ses sire;
Molt li orroit volentiers dire,
Mes ele li a desfandu.
An ce panser a atendu
1665 Jusque tant que ele revint.
Mes onques desfansse nen tint,
Einz li redit tot maintenant: Bl. 85ᶠ·
„Ha, dame, est ce ore avenant,
Q'isi de duel vos ociez?
1670 Por deu, car vos en chastiez,
Si le lessesiez viax de honte!
A si haute dame ne monte,
Que duel si longuement mainteigne.
De vostre enor vos resoveigne
1675 Et de vostre grant gentillesce!
Cuidiez vos, que tote proesce
Soit morte avoec vostre seignor?
Que autresi boen ou meillor
An sout remes parmi le monde."
1680 „Se tu ne manz, dex me confonde!
Et neporquant .I. seul m'an nome,
Qui ait tesmoing de si preudome,
Com mes sire ot tot son ahe!"
„Et vos m'an sauriez malgre,

*

1662. Molt li B. Se li A.

1669. Qi si de A. Einsint de B.

1671. Über viax vergl. F. Diez, Etymologisches wörterbuch der romanischen sprachen, s. 742; F. Diez, Kritischer anhang zum etymologischen wörterbuche der romanischen sprachen. Bonn. 1859. 8. s. 28. 29.

1680. Se tu en menz, dex te confonde! B.

1684—1686 lauten in B.

  Ja ne m'en sauriez vos gre,

1685 Si vos recorroceriez
Et m'en remenaceriez."
„Nel ferai, je t'en asseur."
„Or soit a vostre boen eur,
Qui vos en est a avenir,
1690 Se il vos venoit a pleisir ;
Et ce doint dex, que il vos pleise!
Ne voi rien, por coi je m'an teise,
Que nus ne nos ot ne escoute.
Vos me tanroiz ja por estoute;
1695 Mes bien puis dire, ce me sanble,
Quant dui chevalier sont ansamble
Venu a armes en bataille,
Li quex cuidiez vos, qu'i mialz vaille,
Quant li uns a l'autre conquis?
1700 Androit de moi doing je le pris
Au veinqueor; et vos, que faites?"
„Il m'est avis, que tu m'agueites,
Si me viax a parole prandre."
„Par foi, vos poez bien entandre,
1705 Que je m'an vois parmi le voir,
Et si vos pruef par estovoir,
Que mialz valut cil, qui conquist
Vostre seignor, que il ne fist;
Il le conquist et sel chaca
1710 Par hardement an jusque ca
Et si l'enclost an sa meison." Bl. 86ᵃ·
„Or ai ge oï desreison,
La plus grant, c'onques mes fust dite.
Fui, plainne de mal esperite,

*

Si vos en corouceriez
Et mauves gre m'en sauriez.

1698. qui AB. Vielleicht ist que zu lesen.

1712. Or oi, fet ele, desreson B.

1714. Auf diese zeile folgen in B zwei zeilen, welche A nicht hat, nemlich:
Fui, garce fole et ennuieuse!
Ne dire james tele oiseuse!

1715 Ne mes devant moi ne reveingnes,
Por coi de lui parole teignes!"
„Certes, dame, bien le savoie,
Que ja de vos gre n'en auroie,
Et jel vos dis molt bien avant;
1720 Mes vos m'eustes an covant,
Que ja ire n'en auriez,
Ne mal gre ne m'an sauriez.
Mal m'avez mon covant tenu;
Si m'est or ensi avenu,
1725 Et dit m'avez vostre pleisir;
Si ai perdu .I. boen teisir."
Atant vers sa chanbre retorne
La, ou mes sire Yvains sejorne,
Cui ele garde a molt grant eise;
1730 Mes n'i ot chose, qui li pleise,
Qant la dame veoir ne puet;
Et del plet, que cele li muet,
Ne se garde, ne n'an set mot.
Mes la dame tote nuit ot
1735 A li meismes grant tancon,
Qu'ele estoit en grant cusancon,
De sa fonteinne garantir;
Si se comance a repantir
De celi, qu'ele avoit blasmee
1740 Et leidie et mesaamee;
Qu'ele est tote seure et certe,
Que por loier ne por desserte
Ne por amor, qu'a celui ait,
Ne l'en mist ele onques en plait
1745 Et plus aimme ele li, que lui,
Ne sa honte ne son enui
Ne li loeroit ele mie;
Que trop est sa leax amie.

*

1721. 1722 lauten in B:
    Que mal gre ne m'en sauriez,
    Ne ne m'en abeteriez.
1741—1748. Vergl. unten, z. 3642—3652.

Ezvos ja la dame changiee
1750 De celi, qu'ele ot leidangiee,
Ne cuide james a nul fuer,
Que amer la doie an son cuer;
Et celui, qu'ele ot refuse,
Ra molt leaumant escuse
1755 Par reison et par droit de plet,   Bl. 86ᵇ·
Qu'il ne li avoit rien mesfet;
Si se desresne tot ensi,
Com s'il fust venuz devant li.
Lors sel comance a pleidoier:
1760 „Viax tu donc", fet ele, „noier,
Que par toi ne soit morz mes sire?"
„Ce", fet il, „ne puis je desdire;
Einz l'otroi bien." „Di donc, por coi
Feis le tu? par mal de moi,
1765 Por haine ne por despit?"
„Ja n'aie je de mort respit,
S'onques por mal de vos le fis!"
„Donc n'as tu rien vers moi mespris,
Ne vers lui n'eus tu nul tort;
1770 Car, s'il poist, il t'eust mort;
Por ce, mien esciant, cuit gie,
Que j'ai bien et a droit jugie."
Ensi par li meismes prueve,
Que droit, san et reison i trueve,
1775 Qu'an lui hair n'a ele droit;
Si andit ce, qu'ele voldroit,
Et par li meismes s'alume,
Ensi come li feus, qui fume,
Tant que la flame s'i est mise,
1780 Que nus ne la soufle n'atise.
Et s'or venoit la dameisele,
Ja desresneroit la querele,

*

1749—2036. Vergl. Gervinus, Geschichte der deutschen dichtung. I. s. 376.

1778. Ausint com la buche B.

Dom ele l'a tant pleidoiee,
S'an a este bien leidoiee.
1785 Et cele revint par matin,
Si recomanca son latin
La, ou ele l'avoit leissie.
Et cele tint le chief bessie,
Qui a mesfete, ce santoit,
1790 De ce, que leidie l'avoit;
Mes or li voldra amander
Et del chevalier demander
Le non et l'estre et le linage;
Si s'umelie come sage
1795 Et dit: „Merci crier vos vuel
Del grant oltrage et de l'orguel,
Que je vos ai dit come fole;
Si remanrai a vostre escole;
Mes dites moi, se vos savez,   Bl. 86ᶜ·
1800 Del chevalier, don vos m'avez
Tenue a plet si longuement,
Quiex hom est il et de quel gent,
Se il est tex, qu'a moi ateigne;
Mes que de par lui ne remaigne,
1805 Je le ferai, ce vos otroi,
Seignor de ma terre et de moi;
Mes il le covanra si fere,
Qu'an ne puisse de moi retrere
Ne dire: „Cest cele, qui prist
1810 Celui, qui son seignor ocist."
„E non deu, dame, ensi iert il;

*

1789. se santoit A. se sauoit B.
1791. amender B. comander A.
1795. Der wechsel in der anrede — die untergebene erhält hier im gegensatze zu den früheren gesprächen, oben z. 1610—1716, von der gebieterin ihr — möge nicht unbeachtet bleiben. Man vergleiche auch unten z. 5952—5968 und die anmerkung zu z. 6581. Man sehe ferner F. Diez, Grammatik der romanischen sprachen. III. Zweite ausgabe. s. 54. J. Grimm, Deutsche grammatik. IV. Göttingen. 1837. 8. s. 306. 307.

Seignor auroiz le plus gentil
Et le plus gent et le plus bel,
Qui onques fust del ling Abel."
1815 „Comant a non?" „Mes sire Yvains."
„Par foi, cist n'est mie vilains,
Einz est molt frans, je le sai bien,
Et s'est filz au roi Urien."
„Par foi, dame, vos dites voir."
1820 „Et quant le porrons nos avoir?"
„Jusqu'a quint jor." „Trop tarderoit;
Que mon vuel ja venuz seroit.
Veigne enuit ou demain, seviax!"
„Dame, ne cuit pas, c'uns oisiax
1825 Poist tant en .I. jor voler;
Mes je i ferai ja aler
.I. mien garcon, qui molt tost cort,
Qui ira bien jusqu'a la cort
Le roi Artus au mien espoir
1830 Au moins jusqu'a demain au soir;
Que jusque la n'iert il trovez."
„Cist termes est trop lons assez;
Li jor sont lonc, mes dites li,
Que demain au soir resoit ci
1835 Et voist plus tost, que il ne siaut;
Car bien s'efforcera, s'il vialt,

1813. Et le plus franc B.
1814. abel AB. dellin abel C, bl. 212 b, sp. 2. Im englischen Ywaine and Gawin (bei Ritson. I. s. 45) heißt es:
z. 1047 „Tel me baldely, or thou blin,
If he be cumen of gentil kyn."
Madame, sho said, i dar warand
A genteler lord es none lifand
The hendest man ye sal him fynde,
That ever come of Adams kynde.
„How hat he? sai me for sertayne."
Madame, sho said, sir Ywayne,
So gentil knight have ye noght sene,
He es the kings son Uryene.
Man vergl. auch die anmerk. zu z. 1016.
1818. le roi hurien B. Vergl. oben, z. 1016.

De .ii. jornees fera une,
Et anquenuit luira la lune,
Si reface de la nuit jor;
1840 Et je li donrai au retor
Quanqu'il voldra, que je li doingne."
„Sor moi leissiez ceste besoingne,   Bl. 86^{d.}
Que vos l'auroiz a tot le mains
Jusqu'a tierz jor antre voz mains;
1845 Et au demain remanderoiz
Voz genz et si demanderoiz
Consoil del roi, qui doit venir,
Por la costume maintenir.
De vostre fontainne desfandre,
1850 Vos covendroit boen consoil prandre;
Et il n'i aura ja si haut,
Qui s'ost vanter, que il i aut.
Lors porroiz dire tot a droit,
Que marier vos covendroit,
1855 Uns chevaliers molt alosez
Vos requiert, mes vos ne l'osez
Panre, s'il nel vos loent tuit
Et s'il nel pranent an conduit.
Tant les quenuis je a malves,
1860 Que por autrui chargier le fes,
Dom il seroient tuit chargie,
Vos en vanront trestuit au pie
Et si vos an mercieront,
Que fors de grant peor seront;
1865 Car qui peor a de son onbre,
S'il puet, volentiers se desconbre
D'ancontre de lance ou de dart,
Que c'est malves geu a coart."
Et la dame respont: „Par foi,
1870 Ensi le vuel, ensi l'otroi,
Et je l'avoie ja panse
Si com vos l'avez devise;

*

1868. geu B (in: The Mabinogion. I. s. 156). iex A.

Et tot ensi le ferons nos.
Mes ci por coi demorez vos?
1875 Alez, ja plus ne delaiez,
Si faites tant, que vos l'aiez!
Et je remanderai mes genz."
Ici fine li parlemanz.
Cele fet sanblant, qu'an voit querre
1880 Mon seignor Yvain en sa terre;
Si le fet chascun jor baignier,
Son chief laver et apleignier,
Et avoec ce li aparoille
Robe d'escarlate vermoille
1885 De veir forree atot la croie,
N'est riens, que ele li acroie,
Qui coveigne a lui acesmer, Bl. 86 e.
Fermail d'or a son col fermer,
Ovre a pierres precieuses,
1890 Qu'il font leanz molt gracieuses,
Et ceinturete et aumosniere,
Qui fu d'une riche samiere.
Bien l'a de tot apareillie
Et a sa dame a conseillie,
1895 Que revenuz est ses messages;
Si a esploitie come sages.
„Comant?" fet ele, „quant venra
Mes sire Yveins?" „Ceanz est ja."
„Ceanz est-il? Venez donc tost
1900 Celeemant et an repost,
Demantres qu'avoec moi n'est nus!
Gardez, que nen i veigne nus,
Que g'i harroie molt le cart."
La dameisele atant s'an part,
1905 S'est venue a son oste arriere,
Mes ne mostra mie a sa chiere
La joie, que ses cuers avoit,
Ainz dit, que sa dame savoit,
Qu'ele l'avoit leanz garde,
1910 Et dit: „Mes sire Yvain, par de,

N'a mes mestier neant celee;
Tant est de vos la chose alee,
Que ma dame ceanz vos set,
Qui molt me blasme et molt me het
1915 Et molt m'en a acoisonee;
Mes tel seurte m'a donee,
Que devant li vos puis conduire
Sanz vos de rien grever ne nuire,
Ne vos grevera rien, ce croi,
1920 Fors tant, (dont mantir ne vos doi;
Que je feroie traison,)
Qu'avoir vos vialt en sa prison,
Et si i vialt avoir le cors,
Que nes li cuers n'an soit defors."
1925 „Certes", fet il „ce voel je bien,
Que ce ne me grevera rien,
Qu'an sa prison voel je molt estre."
„Si seroiz vos, par la main destre,
Don je vos teing; or an venez,
1930 Mes a mon los vos contenez   Bl. 86 f.
Si siuplemant devant sa face,
Que male prison ne vos face,
Ne por ce ne vos esmaiez!
Ne cuit mie, que vos aiez
1935 Prison, qui trop vos soit grevainne."
La dameisele ensi l'enmainne;
Sil esmaie et sel raseure
Et parole par coverture
De la prison, ou il iert mis;
1940 Que sanz prison n'est nus amis.
Por c'a droit, se prison le claimme;
Que sanz prison n'est nus, qui aimme.
La dameisele par la main
Enmainne mon seignor Yvain
1945 La, ou il iert molt chier tenuz;

*

1923. 1924. Das wortspiel mit cors und cuers findet sich wider unten, z. 2015—2017. 2641—2657. Vergl. die anm. daselbst.

Si crient il, estre mal venuz,
Et, s'il le crient, n'est pas mervoille.
Sor une grant coute vermoille
Troverent la dame seant.
1950 Molt grant peor, ce vos creant,
Ot mes sire Yvains a l'entree
De la chanbre, ou il ont trovee
La dame, qui ne li dist mot,
Et por ce grant peor en ot,
1955 Si fu de peor esbaiz;
Qu'il cuida bien, estre traiz,
Et s'estut loing cele part la,
Tant que la pucele parla
Et dit: „v.c. dahez ait s'ame,
1960 Qui mainne an chanbre a bele dame
Chevalier, qui ne s'an aproche
Et qui n'a ne lengue ne boche
Ne san, dom acointier se sache!"
Maintenant par le braz le sache,
1965 Si li dit: „En ca vos traiez,
Chevaliers, ne peor n'aiez
De ma dame, qu'el ne vos morde,
Mes querez la pes et l'acorde!
Et g'en proierai avoec vos,
1970 Que la mort Esclados le ros,
Qui fu ses sires, vos pardoint."
Mes sire Yvains maintenant joint
Ses mains, si s'est a genolz mis
Et dit come verais amis:
1975 „Dame, voir ja ne vos querrai   Bl. 87ᵃ.

*

1959. Vergl. unten, z. 6699. 6783.

1970. Im englischen Ywaine and Gawin (bei Ritson. I. s. 49) heißt es:

 z. 1143 Pray to hir of hir mercy,
   And for thi sake right so sal i,
   That sho forgif the, in this stede,
   Of Salados the rouse ded,
   That was hir lord, that thou has slayne.

Merci, einz vos mercierai
De quanque vos me voldroiz feire;
Que riens ne m'en porroit despleire."
"Non, sire, et se je vos oci?"
1980 "Dame, la vostre grant merci,
Que ja ne m'an orroiz dire el."
"Einz mes", fet ele, "n'oi tel,
Que si vos metez a devise
Del tot an tot en ma franchise
1985 Sanz ce, que nes vos en esforz."
"Dame, nule force si forz
N'est come cele, sanz mantir,
Qui me comande a consantir
Vostre voloir del tot an tot;
1990 Rien nule a feire ne redot,
Que moi vos pleise a comander,
Et se je pooie amander
La mort, don j'ai vers vos mesfet,
Je l'amanderoie sanz plet."
1995 "Comant"? fet ele, "or le me dites,
Si soiez de l'amande quites,
Se vos de rien me mesfeistes,
Quant vos mon seignor m'oceistes."
"Dame", fet il, "vostre merci,
2000 Quant vostre sires m'asailli,
Quel tort oi je, de moi desfandre?
Qui autrui vialt ocirre ou prandre,
Se cil l'ocit, qui se desfant,
Dites, se de rien i mesprant."
2005 "Nenil, qui bien esgarde droit;
Et je cuit, rien ne me vaudroit,
Qant fet ocirre vos auroie;
Et ce molt volentiers sauroie,
Don cele force puet venir,
2010 Qui vos comande a contenir
A mon voloir sanz contredit.
Toz torz et toz mesfez vos quit;
Mes seez vos, si me contez,

Comant vos iestes si dontez!"
2015 „Dame", fet il, „la force vient
De mon cuer, qui a vos se tient;
An ce voloir m'a mes cors mis:"
„Et qui le cuer, biax dolz amis?"
„Dame, mi oel." „Et les ialz qui?" Bl. 87 b.
2020 „La granz biautez, que an vos vi,
Et la biautez, qui a forfet,
Dame, tant, que amer me fet."
„Amer? et cui?" „Vos, dame chiere."
„Moi?" „Voire, voir!" „An quel meniere?"
2025 „An tel, que graindre estre ne puet;
En tel, que de vos ne se muet
Mes cuers, n'onques aillors nel truis;
An tel, qu'aillors pansser ne puis;
En tel, que toz a vos m'otroi;
2030 An tel, que plus vos aim, que moi;
En tel, s'il vos plest a delivre,
Que por vos vuel morir ou vivre."
„Et oseriez vos enprandre,
Por moi ma fontainne a desfandre?"
2035 „Oil, voir, dame, vers toz homes."
„Sachiez donc, bien acorde somes."
Ensi sont acorde briemant.
Et la dame ot son parlemant
Devant tenu a ses barons

*

2015—2022. Man vergleiche folgende stelle aus unseres Crestien erzählung von Erec, ausgabe von Bekker, s. 426:

z. 2081 Li huil d'esgarder se refont,
Cil qui d'amors la uoie font
Et lor message au cuer enuoient —

Das schon oben, z. 1923. 1924, angebrachte wortspiel mit cors und cuers kehrt unten, z. 2641—2657, wider.

2020. Im Roman de Dolopathos, ausgabe von Ch. Brunet und A. de Montaiglon, s. 137, heißt es:

Maugre li amer li covient,
Por la biaute, k'en lui veoit

2036. Vergl. Crestien von Troies, s. 157. 158, anm. 4.

6

2040 Et dit: „De ci nos en irons
An cele sale, ou ces genz sont,
Qui loe et conseillie m'ont,
Que mari a prendre m'otroient,
Por le besoing, que il i voient;
2045 Ci meismes a vos me doing,
Ne ge nen irai ja plus loing;
Qu'a seignor refuser ne doi
Boen chevalier et fil de roi."

Or a la dameisele fet,
2050 Quanqu'ele voloit, antreset.
Mes sire Yvains n'en ot pas ire,
Ce vos puis bien conter et dire,
Que la dame avoec li l'enmainne
En la sale, qui estoit plainne
2055 De chevaliers et de sergenz.
Et mes sire Yvains fu si genz,
Qu'a mervoilles tuit l'esgarderent
Et encontre ax tuit se leverent
Et tuit saluent et anclinent
2060 Mon seignor Yvain et devinent:
„C'est cil, qui ma dame prendra.
Dahez ait, qui li desfandra!
Qu'a mervoilles sanble prodome; Bl. 87ᶜ.
Certes l'empererriz de Rome
2065 Seroit an lui bien mariee;
Car l'eust il ja afiee
Et ele lui de nue main,
Si l'espousast hui ou demain."
Ensi parloient tuit d'un ranc.
2070 Au chief de la sale ot un banc,
Ou la dame s'ala seoir
La, ou tuit la porent veoir;
Et mes sire Yvains sanblant fist,

*

2056—2163. Vergl. Hartmann, z. 2371—2434.
2064. 2065. Vergl. unten, z. 5473—5475.
2067. Et ele lui tot main a main B.

Qu'a ses piez seoir se volsist,
2075 Qant ele l'an leva amont;
Et de la parole semont
Son seneschal, que il la die,
Si qu'ele soit de toz oie.
Lors comanca li seneschax,
2080 Qui n'estoit ne estolz ne bax;
„Seignor," fet il, „guerre nos sourt,
N'est jorz, que li rois ne s'atourt
De quanque il se puet haster
Por venir noz terres gaster;
2085 Encois que la quinzainne past,
Sera trestote alee a gast,
Se boen mainteneor n'i a.
Qant ma dame se maria,
N'a mie ancor .vi. anz parclos;
2090 Si le fist ele par voz los;
Morz est ses sires, ce li poise:
N'a or de terre, c'une toise

*

2079. 2080. B hat:
Lors comenca li seneschaux,
Qui n'estoit ne restis ne baux.
C desgleichen:
Lors comenca li seneschax,
Qui n'estoit ne restis ne bax.

2080. chax A.

2083. De quanqu'il se puet atorner A.

2083—2086. Diese zeilen lauten in B:
De quanque il se puet haster,
De venir noz terres gaster;
Eincois que la semaine past,
Sera ele trestoute a gast.

In C sind die beiden ersten zeilen umgestellt:
De venir nos teres gaster
De quanque il se puet haster.

Das folgende ist in dieser hs. zum teil verwischt. Deutlich ist: alee a gast.

2085. Vergl. oben, z. 664. 1619.

2092. 2093. Über den hier ausgesprochenen gedanken, daß

>   Cil, qui tot cest pais tenoit
>   Et qui molt bien i avenoit;
> 2095   C'est granz diax, que po a vescu.
>   Fame ne set porter escu,
>   Ne ne set de lance ferir;
>   Molt amander et ancherir
>   Se puet, de panre .i. boen seignor;
> 2100   Einz mes n'en ot mestier graignor.
>   Loez li tuit, que seignor praingne,
>   Einz que la costume remaingne,
>   Qui an cest chastel a este,
>   Plus de .lx. anz a passe!"
> 2105   A cest mot dient tuit ansanble,
>   Que bien a feire lor resanble,
>   Et trestuit jusqu'aus piez li vienent,   Bl. 87ᵈ.
>   De son voloir angrant la tienent.
>   Si se fet preier de son buen,
> 2110   Tant que ausi com maugre suen
>   Otroie ce, qu'ele feist,
>   Se chascuns li contredesist,
>   Et dit: „Seignor, des qu'il vos siet,
>   Cil chevaliers, qui lez moi siet,
> 2115   M'a molt proiee et molt requise
>   De m'enor et an mon servise
>   Se vialt metre, et je l'an merci,
>   Et vos l'en merciez ausi!
>   N'onques mes certes nel conui,
> 2120   S'ai molt oi parler de lui,
>   Si hauz hom est, ce sachiez bien,
>   Con li filz au roi Urien.

*

der mächtige, der im leben über vieles geboten, sich im tode mit wenig erde begnügen muß, vergleiche man F. Liebrecht, Des Gervasius von Tilbury Otia imperialia, s. 87. 88. Man sehe ferner F. Liebrecht, in Franz Pfeiffers Germania. IV. Wien. 1859. 8. s. 374. 375; R. Köhler, ebend. V. Wien. 1860. 8. s. 64—66.

2112. contredesist habe ich für contreist, was A hat, in den text gesetzt.

2122. Vergl. oben, z. 1016. 1818.

Sanz ce, qu'il est de haut parage,
Est il de si grant vasselage
2125 Et tant a corteisie et san,
Que desloer nel me doit an.
De mon seignor Yvain, ce cuit,
Avez bien oi parler tuit,
Et ce est il, qui me requiert.
2130 Plus haut seignor, qu'a moi n'afiert,
Aurai au jor, que ce sera."
Tuit dient: „Ja ne passera
Cist jorz, se vos feites que sage,
Q'ainz n'aiez fet le mariage;
2135 Que molt est fos, qui se demore,
De son preu feire, une seule ore."
Tant li prient, que ele otroie
Ce, qu'ele feist tote voie;
Qu'amors a feire li comande
2140 Ce, don los et consoil demande;
Mes a plus grant enor le prant,
Qant congie en a de sa gent;
Et les proieres rien n'i grievent,
Einz li esmuevent et soulievent
2145 Le cuer, a feire son talant.
Li chevax, qui pas ne va lant,
S'esforce, quant an l'esperone.
Veant toz ses barons se done

*

2125. Vergl. oben, zu z. 98.

2135. 2136. Diese stelle hat Claude Fauchet, Recueil de l'origine de la langue et poésie françoise, ryme et romans. Paris. MDLXXXI. 4. s. 103, ausgehoben.

2143—2147. Auch diese zeilen teilt Fauchet, a. a o., mit.

2148—2153. Vergleiche F. Wolf, Über die lais, s. 60. 61. Lachmann, zu Iwein, s. 440. 441. Im englischen Ywaine and Gawin (bei Ritson. I. s. 53) heißt es:

z. 1251 Sone unto the kirk thai went,
And war wedded in thair present;
Thar wedded Ywaine in plevyne
The riche lady Alundyne,

La dame a mon seignor Yvain.
2150 Par la main d'un suen chapelain
Prise a la dame de Landuc Bl. 87ᵉ·
Lendemain, qui fu fille au duc
Laududez, dom an note .I. lai.
Le jor meismes sanz delai
2155 L'espousa et firent lor noces;
Asez i ot mitres et croces;
Que la dameisele ot mandez
Les esvesques et les abez.
Molt i ot gent de grant noblesce
2160 Et molt i ot joie et leesce,
Plus que conter ne vos porroie,
Qant lonc tans pansse i auroie;
Einz m'an vuel teire, que plus dire.

Mes or est mes sire Yvains sire
2165 Et li morz est toz obliez;
Cil, qui l'ocist, est mariez,
Sa fame a et ensanble gisent;
Et les genz ainment plus et prisent
Le vif, c'onques le mort ne firent.
2170 A ces noces molt le servirent,
Qui durerent jusqu'a la voille,
Que li rois vint a la mervoille
De la fontainne et del perron
Et avoec lui si compaignon;
2175 Que trestuit cil de sa mesniee
Furent an cele chevalchiee,
C'uns trestoz seus n'an fu remes.

*

The dukes doghter of Landuit;
Els had hyr lande bene destruyt.

2150. Es verdient bemerkt zu werden, daß bei der vermählung des Yvain die geistlichkeit tätig ist; nachher, z. 4023, hört der held die messe. Man vergl. auch unten, z. 4952. 5446—5448. Man vergl. ferner A. Keller, in: Jahrbücher der gegenwart. Stuttgart. 1843. 4. nr 22, s. 85.

2164—2313. Vergl. Hartmann, z. 2435—2654.

2171. durererent A.

Et si disoit mes sire Ques:
„Por deu, qu'est ore devenuz
2180 Mes sire Yvains, qui n'est venuz,
Qui se vanta apres mangier,
Qu'il iroit son cousin vangier?
Bien pert, que ce fu apres vin.
Foiz s'an est, je le devin,
2185 Qu'il n'i osast venir por l'uel,
Molt se vanta de grant orguel.
Molt est hardiz, qui loer s'ose
De ce, dont autres nel alose,
Ne n'a tesmoing de sa loange,
2190 Se ce n'est por fausse losange.
Molt a entre malves et preu;
Que li malves antor le feu
Dit de lui une grant parole,
Si tient tote la gent por fole
2195 Et cuide, que l'en nel conoisse; Bl. 87f.
Et li preuz auroit grant angoisse,
S'il ooit redire a autrui
Les proesces, qui sont an lui.
Neporquant certes bien m'acort
2200 A malves, qu'il n'a mie tort,
S'il ne le dit, qui le dira?
Tant se teisent d'ax li hera,
Qui des vaillanz crient le banc
Et les malves gietent au vant;
2205 Qu'il ne truevent, qui por aus mante.
Fos est, qui se prise ne vante."
Ensi mes sire Kex parloit.
Et mes sire Gauvains disoit:
„Merci, mes sire Kex, merci!
2210 Se mes sire Yvains n'est or ci,
Ne savez, quele essoine il a.
Onques, voir, si ne s'avilla,
Qu'il deist de vos vilenie

*

2179—2183. Vergl. oben, z. 586—609.

Tant, com il fet de corteisie."
2215 „Sire", fet il, „et je m'an tes,
Ne m'an orroiz parler huimes,
Des que je voi, qu'il vos enuie."
Et li rois, por veoir s'anvie,
Versa de l'eve plain bacin
2220 Sor le perron desoz le pin;
Et plut tantost molt fondelmant;
Ne tarda puis gueires granmant,
Que mes sire Yvains sanz arest
Entra armez en la forest
2225 Et vint plus tost, que les galos
Sor .I. cheval molt grant et gros,
Fort et hardi et tost alant.
Et mes sire Kex ot talant,
Qu'il demanderoit la bataille;
2230 Car quiex que fust la definaille,
Il voloit comancier toz jorz
Les meslees et les estorz,
Ou il i eust grant corroz.
Au pie le roi vient devant toz,
2235 Que ceste bataille li lest.
„Kex", fet li rois, „des qu'il vos plest
Et devant toz l'avez rovee,
Ne vos doit pas estre vehee."
Kex l'en mercie et puis si monte. Bl. 88ᵃ·
2240 S'or li puet feire .I. po de honte
Mes sire Yvains, liez an sera,
Et molt volantiers li fera;
Que bien le reconuist as armes.
L'escu a pris par les enarmes
2245 Et Kex le suen, si s'antresleissent,
Chevax poignent et lances beissent,
Que il tenoient anpoigniees;
.I. petit les ont aloigniees,
Tant que par les quamois les tienent,

2221. C. Hofmann vermutet fortement.
2249. „M. de Reiffenberg conjecture; que le camois de la

2250 Et a ce que il s'antrevienent,
De tex cos ferir s'angoissierent,
Que au .II. les lances froissierent
Et vont jusqu' anz es poinz fandant.
Mes sire Yvains cop si puissant
2255 Li dona, que desus la sele
A fet Kex la torneboele
Et li hiaumes au terre fiert;
Plus d'enui feire ne li quiert
Mes sire Yvains, encois descent
2260 A la terre et son cheval prent;
Ce fu molt bel a tel, i ot
Et fu assez, qui dire sot:
„Ahi! Ahi! com or gisiez,
Vos, qui les autres despisiez!
2265 Et neporquant s'est il bien droiz,
Qu'an le vos pardoint ceste foiz,
Por ce, que mes ne vos avint."
Entretant devant le roi vint
Mes sire Yvains et par le frain
2270 Menoit le cheval en sa main
Por ce, que il li voloit rendre.
Si li dist: „Sire, feites prendre
Ce cheval; que je mesferoie,
Se rien del vostre detenoie."
2275 „Et qui estes vos?" fet li rois,
„Ne vos conoistroie d'esmois
Au parler, se ne vos veoie,
Ou se nomer ne vos ooie."

*

lance pourrait bien être la partie de la lance garnie de peau, qui se tenait à la main. Cette explication nous semble très-plausible pour le vers du Gilles de Chin:

Dusqu'el camois brise sa lance. (v. 224.)

Cela rappelle le feutre, sur lequel on appuyait la lance."
Vergl. E. Gachet, Glossaire zu: Le chevalier au cygne et Godefroid de Bouillon, poëme historique, publication commencée par le baron de Reiffenberg et achevée par M. A. Borgnet. III. Deuxième partie. Bruxelles. 1859. 4. s. 638.

Lors s'est mes sire Yvains nomez;
2280 S'an est Kex de honte assomez
Et maz et muz et desconfiz,
Qu'il dist, qu'il s'an estoit foiz;
Et li'autre molt lie an sont; Bl. 88ᵇ
Que de s'enor grant joie font,
2285 Nes li rois grant joie an mena,
Mes mes sires Gauvains en a
Cent tanz plus grant joie que nus;
Que sa compaingnie amoit plus,
Que compaingnie, qu'il eust
2290 A chevalier, que l'en seust.
Et li rois li requiert et prie,
Se lui ne poise, qu'il lor die,
Comant il avoit esploitie;
Car molt avoit grant covoitie,
2295 De savoir tote s'avanture;
De voir dire molt le conjure.
Et il lor a trestot conte
Et le servise et la bonte,
Que la dameisele li fist,
2300 Onques de mot n'i entreprist,
Ne riens nule n'i oblia,
Et apres ce le roi pria,
Que il et tuit si chevalier
Venissent a lui herbergier;
2305 Qu'ennor et joie li feroient,
Qant a lui herbergie seroient.
Et li rois dit, que volantiers
Li feroit il .VIII. jorz antiers
Amor et joie et compaignie;
2310 Et mes sire Yvains l'en mercie;
Ne de demore plus n'i font,
Maintenant montent, si s'an vont
Vers le chastel la droite voie.

*

2280. essomez A. Ich habe assomez geändert.
2286—2290. Vergl. unten, z. 6276—6280.

>   Et mes sire Yvains envoie
> 2315 Devant la rote .I. escuier,
>   Qui portoit .I. faucon gruier,
>   Por ce, que il ne sorpreissent
>   La dame et que ses genz feissent
>   Contre le roi ses meisons beles.
> 2320 Qant la dame oi les noveles
>   Del roi, qui vient, s'en a grant joie,
>   N'i a nul, qui la novele oie,
>   Qui n'an soit liez et qui n'en mont;
>   Et la dame toz les semont
> 2325 Et prie, que contre lui voisent,
>   Et cil n'en tancent ne ne noisent;
>   Que de feire sa volante   Bl. 88 c.
>   Estoient tuit antalante.
>   Encontre le roi de Bretaingne
> 2330 Vont tuit sor granz chevax d'Espaingne,
>   Si saluent molt hautemant

*

2330. Im Lai del trot heißt es:
> z. 104 Et si aloient tot plus tost,
>   Que ne fesissies les galos
>   Sor le plus haut ceval d'Espaigne.

Man vergl.: Lai d'Ignaurès, en vers, du XIIe siècle, par Renaut, suivi des lais de Melion et du trot, en vers, du XIIIe siècle ... publiés ... par L. J. N. Monmerqué et Francisque Michel. Paris. 1832. 8. s. 75. 76.

In unseres Crestien Conte del roi Guillaume d'Engleterre lesen wir:
> Lors s'est li rois mis a le voie
> Sor .I. grant destrier de Castele.

Man sehe diese stelle in: Chroniques anglonormandes, recueil ... publié par Fr. Michel. III. Rouen. 1840. 8. s. 125. In Crestiens Roman del chevalier de la charrete (ausgabe von Jonckbloet, s. 68) heißt es:
> z. 1649 Uns chevaliers auques d'aIie
>   Estoit de l'autre part del pre
>   Sor un cheval d'Espaigne sor.

In der Chanson des Saxons. I. 229 (bei Burguy, Grammaire de la langue d'oïl. I. s. 190):
> Il toz sox mist la sele sor le vair espaignois.

Le roi Artus premieremant
Et puis sa compaignie tote.
„Bien vaingne", font il, „ceste rote,
2335 Qui de tant prodomes est plainne!
Beneoiz soit cil, qui les mainne
Et qui si boens ostex lor done!"
Contre le roi li chastiax sone
De la joie, que l'en i fet.
2340 Li drap de soie sont fors tret
Et estandu a paremant,
Et des tapiz font pavemant;
Que par les rues les estandent
Contre la joie, qu'il atandent,
2345 Et refont .I. autre aparoil,
Entre le roi et le soloil
Coevrent les rues des cortines.
Li sain, le cor et les buisines

*

2340—2347. Man vergleiche folgende stellen aus dem Erec unseres dichters (ausg. von Bekker, s. 432. 433):
z. 2322 Li rois fist maintenant monter,
Qu'il ot oies les noueles,
Cheualiers, dames et puceles;
Et commanda les sainz soner
Et les rues encortiner
De tapiz et de dras de soie
Por son fil reçoiure a grant ioie.
. . . .
2351 Ou chastel uienent liement.
Encontre son auenement
Sonent li saint trestuit a glai.
De ionc, de mentastre et de glai
Sont totes ionchies les rues,
Et par desore portendues
De cortines et de tapiz,
De diapres et de samiz.

Über den gebrauch, kunstreich gewirkte teppiche als schmuck der wände und des bodens zu benützen, sehe man Fr. Michel, Chronique des ducs de Normandie par Benoit. II. Paris. 1838. 4. s. 563. 564.

2348. Für coz in A habe ich cor gesetzt.

Font le chastel si resoner,
2350 Que l'en n'oist pas deu toner.
La ou descendent les puceles,
Sonent flautes et vieles,

*

2350. J. Grimm, Deutsche mythologie, I. s. 152. II. s. 1207, zu s. 152, bemerkt:
„Donner, blitz und regen gehen unter allen naturerscheinungen vorzugsweise von gott aus, sie werden als seine handlung, sein geschäft angesehen. Bei großem lärm und gepolter ist die redensart gewöhnlich: man könnte unsern herrgott vor dem tosen nicht donnern hören; in Frankreich: le bruit est si fort, qu'on n'entend pas dieu tonner. Schon im roman de Renart 11898:
 font une noise si grant
 quen ni oist pas dieu tonant.
29143: et commença un duel si grant,
 que len ni oist dieu tonant.
auch im roman de Maugis (Lyon 1599 p. 64): de la noyse quils faisoyent neust lon pas ouy dieu tonner. Auch Ogier 10915: lor poins deterdent, lor paumes vont batant, ni oissiez nis dame dieu tonant; und Garin 2, 38: nes dieu tonnant ni possiez oir." —
Man vergl. auch noch folgende stelle aus dem Roman de la prise de Jérusalem, bei B. de Roquefort-Flaméricourt, De l'état de la poésie françoise dans les XIIe et XIIIe siècles. Paris. 1815. 8. s. 129:
 Moult part font grant noise en l'ost li oliphant,
 Li cors et li bocines et li tymbres sonant,
 Que on ne oist pas neis dant diex tonant.
In derselben weise sagt ferner Gautier de Coinsi (bei Roquefort, Glossaire de la langue romane. II. Paris. MDCCCVIII. 8. s. 233, unter dem worte nes):
 Chascun crie: Sonez, sonez,
 Plus biax miracles n'avint mais,
 Ne n'avenra, ce cuit, jamais;
 Par ce monstier font si grant feste
 Et clerc et lai et cest et ceste
 Et tant de cloches vont sonant,
 N'i oissiez nes dieu tonant.

2352. 2353. Über die hier und z. 2348 genannten musikalischen instrumente vergl. man Roquefort, a. a. o., s. 105—130. F. Wolf, Über die lais, s. 58. Bottée de Toulmont, Dissertation sur les instruments de musique employés au moyen âge (in: Mém. de la société roy. des antiq. de France, nouv. série. VII. Paris.

>   Tympre, freteles et tabor;
>   D'autre part refont lor labor
> 2355 Li legier sailleor, qui saillent,
>   Trestuit de joie se travaillent,
>   Et a ceste joie recoivent

*

1844.) Man vergleiche auch folgende stelle aus Crestiens Erec (ausg. v. Bekker, s. 425):

> z. 2025 Quant la corz fu tote assemblee,
>   N'ot menestrel en la contree,
>   Qui riens seust de nul deduit,
>   Que a la cort ne fussent tuit.
>   En la sale molt grant gent ot.
> 2030 Chascuns serui de ce qu'il sot.
>   Cil saut, cil tume, cil enchante.
>   Li uns encontre l'autre chante.
>   Li uns sible, li autres note.
>   Cil sert de harpe, cil de rote,
> 2035 Cil de gigue, cil de uiele.
>   Cil fleute, cil chalemele.
>   Puceles querolent et dancent.
>   Trestuit de ioie faire tencent.
>   Nule riens qui ioie set faire
> 2040 Et cuer d'ome a leece traire,
>   N'est qui ne soit illuec le ior.
>   Sonent timbre, sonent tabor,
>   Muses, estiues et fretel
>   Et buisines et chalemel.

Man vergl. ferner Reinaud et Fr. Michel, Roman de Mahomet, s. 32. 33:

> z. 771 Mainte viele deliteuse
>   I aportent li jougleour,
>   Mainte baudoire et maint tabour;
>   Harpes, gigues et cyfonies
>   Sonnent et canchons envoisies.

Man sehe auch die erläuterungen von Fr. Michel zu dieser stelle. Im Roman de Dolopathos, ausgabe von Ch. Brunet und A. de Montaiglon, heißt es, s. 36:

>   La veissiez maint parleor,
>   Maint joeor, maint jugleor,
>   Gigues et harpes et vieles,
>   Muses, fleustes et frestéles,
>   Tymbres, tabors et syphonies;
>   Trop furent grans les melodies.

Lor seignor, si com feire doivent.
Et la dame rest fors issue,
2360 D'un drap emperial vestue,
Robe d'ermine tote fresche,
An son chief une garlendesche,
Tote de rubiz atiriee,
Nen ot mie la chiere iriee,
2365 Einz l'ot si gaie et si riant,
Qu'ele estoit au mien esciant
Plus bele, que nule contesse.
Tot antor fu la presse espesse, Bl. 88 d.
Et disoient trestuit a tire:
2370 „Bien veigne li rois et li sire
Des rois et des seignors del monde!"
Ne puet estre, qu'a toz responde
Li rois, qui vers lui voit venir
La dame a son estrie tenir,
2375 Et ce ne vost il pas atendre,
Einz se haste molt de descendre;
Si descendi lues qu'il la vit,
Et ele le salue et dit:
„Bien veigne par cent mile foiz
2380 Li rois, mes sire, et beneoiz
Soit mes sire Gauvains, ses nies!"
„Et vostre cors et vostre chies,"
Fet li rois, „bele criature,
Ait joie et grant boene aventure!"
2385 Puis l'enbraca parmi les flans
Li rois come cortois et frans,
Et ele lui tot a plain braz.
Des autres parole ne faz,
Comant ele les conjoi,
2390 Mes onques mes parler n'oi
De nesune gent tant joie,
Tant enoree et tant servie.

*

2367. Diese zeile hat A doppelt.
2382. Vergl. unten, z. 3790 und die anm. zu z. 6428.

De la joie assez vos contasse,
Se ma parole n'i gastasse;
2395 Mes seulemant de l'acontance
Voel feire une brief remambrance,
Qui fu feite a prive consoil
Entre la lune et le soloil.
Savez, de cui je vos voel dire?
2400 Cil, qui des chevaliers fu sire
Et qui sor toz fu reclamez,
Doit bien estre solauz clamez:
Por mon seignor Gauvain le di;
Que de lui est tot autresi
2405 Chevalerie anluminee,
Come solauz la matinee

*

2395. de la contance A. Es ist wol zu lesen acointance oder de la cointance.

2403. Denselben preis erteilt Crestien dem Gauvain nachher, z. 4783. In dem Erec unseres dichters (ausg. von Bekker, s. 416) heißt es:

z. 1679 Deuant tot les bons cheualiers
Doit estre Gauuains li premiers.

Eine schwester des Gauvain wird nachher erwähnt, z. 3909. 3973. 3974. Über die von Gauvain handelnden dichtungen vergleiche man J. G. Th. Gräße, Die großen sagenkreiße des mittelalters. Dresden und Leipzig. 1842. 8. s. 214. 215. 252, anm. W. J. A. Jonckbloet, Roman van Walewein door Penninc en Pieter Vostaert. I. II. Leiden. 1848. 8. Man sehe auch Crestien von Troies, s. 272, anm. 1.

2406. solauz ohne artikel. So heißt es auch in: Floire et Blanceflor (ausg. von É. Du Méril, s. 107):

z. 2583 Sa face resamble soleus,
Quant au matin apert vermeus.

Ebenso in: Huon de Bordeaux, ausgabe von F. Guessard und C. Grandmaison, s. 96:

Aussi biaus fu con solaus en este.

Ebend., s. 127. 128:

Vous en veures annuit a mon ostel,
Desc' a demain que solaux ert leves ...

Vergl. J. Grimm, Deutsche mythologie, II. s. 666, anm. 1. F. Diez, Zwei altromanische gedichte, berichtigt und erklärt. Bonn. 1852. 8. s. 31. F. Diez, Grammatik der romanischen

Oevre ses rais et clarte rant
Par toz les leus, ou il s'espant.
Et de celi refaz la lune,
2410 Dom il ne puet estre que une
De grant foi et de grant aie,   Bl. 88 e.
Et neporoec je nel di mie
Seulement por son grant renon,
Mes por ce, que Lunete ot non.
2415 La dameisele ot non Lunete
Et fu une avenanz brunete,
Molt sage et veziee et cointe.
A mon seignor Gauvain s'acointe,
Qui molt la prise et qui molt l'aimme,
2420 Et por ce s'amie la claime,
Qu'ele avoit de mort garanti
Son compaignon et son ami;
Si li osfre molt son servise,
Et ele li conte et devise,
2425 A com grant poinne ele conquist
Sa dame, tant que ele prist
Mon seignor Yvain a mari,
Et comant ele le gari
Des mains a cez, qui le queroient,

*

sprachen. III. Zweite ausgabe. s. 24. — Li solauz findet sich oben, z. 426; unten, z. 3243.

2415—2638. Vergl. Hartmann, z. 2717—2970.

2415. Vergl. oben, z. 971. 972. 1582. Den namen von Lunetes vater nennt der Tanhuser (bei Fr. H. von der Hagen, Minnesinger. II. Leipzig. 1838. 4. s. 85 b):

  Lunet diu was von hôher art,
  Ir vater der hiez Willebrant.

Daß diese angabe wol auf eigener erfindung des Tanhuser beruht, hat schon F. H. v. d. Hagen, a. a. o., IV. s. 428, bemerkt. Den namen Lunete hat auch der englische dichter beibehalten. Man vergleiche Ywaine and Gawin (bei Ritson. I. s. 91):

 z. 2153 Thou ert Lunet, if i can rede,
  That helpyd me yn mekyl drede;
  I had bene ded, had thou noght bene.

2417. Vergl. Crestien von Troies, s. 75. 76, anm. 2.

2430 Entrax ert et si nel veoient.
Mes sire Gauvains molt se rit
De ce, qu'ele li conte, et dit:
„Ma dameisele, je vos doing
Et a mestier et sanz besoing
2435 .i. tel chevalier, con je sui.
Ne me changiez ja por autrui,
Se amander ne vos cuidiez!
Vostres sui et vos resoiez
D'ore en avant ma dameisele!"
2440 „Vostre merci, sire!" fet ele.
Ensi cil dui s'antracointoient;
Li uns a l'autre se donoient,
Que d'autres i ot tel nonante,
Que aucune i ot bele et gente
2445 Et noble et cointe et preuz et sage,
Gentix dame et de haut parage.
Si s'i porront molt solacier
Et d'acoler et de beisier

*

2436. Diese zeile, die in B gleich lautet, ist in A von einer neueren hand eingesetzt.

2448. Die verba acoler und beisier findet man sehr häufig verbunden. Vergl. unten, z. 6107. Zahlreiche beispiele für diesen gebrauch liefert der Erec unseres dichters (ausgabe von Bekker):
z. 2349 Ambedeus les acole et baise.

. . . .
2430 Tot met son cuer et s'entendue
En li acoler et baisier.

. . . .
2733 Plorant le baisent et acolent.

. . . .
3904 Li uns l'autre baise et acole.

. . . .
4190 Li rois les acole et salue,
Et la royne doucement
La baise et acole ausiment.

. . . .
4881 Et Erec, qui sa fame enporte,
L'acole et baise et reconforte.

. . . .

Et de parler et de veoir
2450 Et de delez eles seoir,
Itant en orent il au mains.
Or a feste mes sire Yvains
Del roi, qui avoec li demore,
Et la dame tant les enore,

*

4896 Lors la baise et si l'acole.
Or n'est pas Enide a malaise,
Quant ses sire l'acole et baise,
Et de s'amor le raseure.
. . . .
z. 5199 Or fu acolee et baisie.
. . . .
5203 Et li uns l'autre acole et baise.
. . . .
6210 Baisier la cort et acoler.
. . . .
6360 Au departir mout doucement
Baise et acole sa cosine.

So heißt es auch in der chanson de geste de Huon de Bourdele, bei F. Wolf, Über die beiden widoraufgefundenen niederländischen volksbücher von der königin Sibille und von Huon von Bordeaux, s. 67 (in der ausgabe von Guessard und Grandmaison, s. 221.):

Si sai molt bien ens es canbres entrer
Et les plus beles baisier et acoler.

Ebenso in einem gedichte des Quesnes de Bethune, bei P. Paris, Le romancero françois. Paris. 1833. 8. s. 108:

Que vos aves, par dieu, meillor envie
D'un bel valet baisier et accoler.

So auch im Roman de Dolopathos, ausgabe von Ch. Brunet und A. de Montaiglon, s. 136:

Doucement le bese et acole.

Man vergleiche ferner Viollet Le Duc, Ancien théatre françois. II. Paris. 1854. 8. s. 112: Baiser vous vueil et acoller; ebendas. III. s. 357:

Or vrayment je vous bayseray,
Jeunesse, et vous m'acollerez.

Man sehe auch: A Keller, Romvart, s. 382. z. 21. E. Mätzner, Altfranzösische lieder, s. 291. Paul Heyse, Romanische inedita, auf italiänischen bibliotheken gesammelt. Berlin. 1856. 8. s. 108. z. 871. Floire et Blanceflor, ausgabe von É. Du Méril, s. 11, z. 236. 24, z. 583. 122, z. 2917.

2455 Chascun par soi et toz ansanble,   Bl. 88 f.
Que tel fol i a, cui il sanble,
Que d'amors veignent li atret
Et li sanblant, qu'ele lor fet;
Et cez puet an nices clamer,
2460 Qui cuident, qu'el les voelle amer;
Qant une dame est si cortoise,
Qu'a un maleureus adoise,
Qu'ele li fet joie et acole,
Fos est liez de bele parole,
2465 Si l'a an molt tost amuse.
A grant joie ont le tans use
Trestote la semainne antiere;
Deduit de bois et de riviere
I ot molt, qui le vost avoir,
2470 Et qui vost la terre veoir,
Que mes sire Yvains ot conquise
En la dame, que il ot prise,
Si se repot aler esbatre
Ou .vi. liues ou. v. ou quatre
2475 Par les chastiax de la entor.
Qant li rois ot fet son sejor,
Tant que n'i vost plus arester,
Si refist son oirre aprester.
Mes il avoient la semainne
2480 Trestuit proie et mise painne
Au plus, qu'il s'an porent pener,
Que il en poissent mener
Mon seignor Yvain avoec ax.
„Comant, seroiz vos or de cax",
2485 Ce disoit mes sire Gauvains,
„Qui por leur fames valent mains?
Honiz soit de sainte Marie,
Qui por anpirier se marie!

*

2484—2538. Ein seitenstück zu diesen ermahnungen Gauvains bietet unseres dichters erzählung von Erec, z. 2433—2571 (ausgabe von Bekker, s. 435—439).

Amander doit de bele dame,
2490 Qui l'a a amie ou a fame;
Que n'est puis droiz, que ele l'aint,
Que ses los et ses pris remaint.
Certes ancor seroiz iriez
De s'amor, se vos anpiriez;
2495 Que fame a tost s'amor reprise,
Ne n'a pas tort, s'ele despise
Celui, qui devient de li pire
El reaume, dom il est sire.
Or primes doit vostre pris croistre.   Bl. 89ᵃ.
2500 Ronpez le frain et le chevoistre!
S'irons tornoier moi et vos,
Que l'en ne vos apiaut jalos.
Or ne devez vos pas songier,
Mes les tornoiemenz ongier
2505 Et anpanre et tot fors giter,
Que que il vos doie coster.
Assez songe, qui ne se muet.
Certes, venir vos an estuet,
Que ja n'i aura autre essoine.
2510 Gardez, que en vos ne remoingne,
Biax compainz; nostre compaignie;
Que en moi ne faura ele mie!
Mervoille est, comant en a cure
De l'eisse, qui toz jorz li dure.
2515 Bien a donc cist ou delaier,
Et plus est dolz a essaier
Uns petiz biens, quant il delaie,
C'uns granz, qui tot ades l'essaie.
Joie d'amors, qui vient a tart,

*

2495. s'amor B, nach Guest. I. s. 163ᵇ. s'enor A.

2503. 2504. C. Hofmann vermutet: songier: songier, d. h. träumen, denken.

2505. Emprendre estors et bien joster B (nach Guest. I. s. 163ᵇ, wo übrigens En prendre steht).

2515. Statt adoneist a, wie Guest. I. s. 164ᵃ, hat, vermutet C. Hofmann: adoucist a.

2520 Sanble la vert busche, qui art,
Qui dedanz rant plus grant chalor
Et plus se tient en sa valor,
Quant plus demore a alumer.
An puet tel chose acostumer,
2525 Qui molt est greveuse a retrere;
Quant an le vialt, nel puet an fere.
Ne por ce ne le di ge mie,
Se j'avoie si bele amie,
Com vos avez, biax dolz compainz,
2530 Foi, que je doi deu et toz sainz,
Molt a enuiz la leisseroie
A esciant, fos an seroie.
Tex done boen consoil autrui,
Qui ne sauroit conseillier lui,
2535 Ausi com li preescheor,
Qui sont desleal lecheor,
Enseignent et dient le bien,
Dom il ne vuelent feire rien."
Mes sire Gauvains tant li dist
2540 Ceste chose et tant li requist,
Qu'il creanta, qu'il le diroit
A sa fame et puis s'an iroit,
S'il an puet le congie avoir;   Bl. 89 b.
Ou face folie ou savoir,
2545 Ne leira, que congie ne praigne
De retorner an la Bretaigne.
La dame en a a consoil trete,
Qui de ce congie ne se guete,
Si li dist: „Ma tres chiere dame,
2550 Vos, qui estes mes cuers et m'ame,
Mes biens, ma joie et ma santez,
Une chose m'acreantez

*

2533—2538. Man vergl. Vrîdankes Bescheidenheit, von Wilhelm Grimm. Göttingen. 1834. 8. s. 71, 9. 10:
Genuoge gæbe lêre gebnt,
Die selbe ungæbeclîche lebnt.

Por vostre enor et por la moie!"
La dame tantost li otroie,
2555 Qu'el ne set, qu'il vialt demander,
Et dit: „Biax sire, comander
Me poez ce, qui boen vos iert."
Congie maintenant li requiert
Mes sire Yvains, de convoier
2560 Le roi et d'aler tornoier,
Que l'an nel apialt recreant.
Et ele dit: „Je vos creant
Le congie jusqu'a .i. termine;
Mes l'amors devanra haine,

*

2554—2557. Die sitte, einerseits um eine nicht näher bezeichnete vergünstigung zu bitten, andererseits das gesuch, noch ehe sein inhalt bekannt geworden, zu gewähren, kehrt auch in dem späteren ritterroman noch oft genug wider. Man vergleiche Clemencins ausgabe von Cervantes' Don Quijote. I. s. 42, zu Primera parte, capítulo III, wo es in nachahmung des angeführten gebrauches heißt:

Y así fatigado deste pensamiento abrevió su venteril y limitada cena, la cual acabada, llamó al ventero, y encerrándose con él en la caballeriza, se hincó de rodillas ante él diciéndole: No me levantaré jamás de donde estoi, valeroso caballero, fasta que la vuestra cortesia me otorgue un don que pedirle quiero, el cual redundará en alabanza vuestra y en pró del género humano. El ventero que vió á su huésped á sus piés, y oyó semejantes razones, estaba confuso mirándole, sin saber que hacerse ni decirle, y porfiaba con él que se levantase, y jamás quiso, hasta que le hubo de decir que él le otorgaba el don que le pedia. No esperaba yo menos de la gran magnificéncia vuestra, señor mio, respondió D. Quijote; y así os digo que el don que hos he pedido y de vuestra liberalidad me ha sido otorgado, es que mañana en aquel dia me habeis de armar caballero u. s. f. — Man vergl. auch den Roman de Dolopathos, ausgabe von Ch. Brunet und A. de Montaiglon, s. 78. Es heißt hier:

„Certes, premier me jurerais
Sans refuser, ke tu ferais
Ce ke je te deviserai."
„Moult volentiers le vos jurrai,
Einsi com vos deviseroiz;
Ja, voir, escondiz n'en seroiz."

2565 Que j'ai en vos, (toz an soiez
Seurs!) se vos trespassiez
Le terme, que je vos dirai;
Sachiez, que ja n'en mantirai.
Se vos mantez, je dirai voir;
2570 Se vos volez m'amor avoir
Et de rien nule m'avez chiere,
Pansez de tost venir arriere
A tot le moins jusqu'a .i. an,
.VIII. jorz apres la saint Johan,
2575 Cui an cest jor sont les huitaves.
De m'amor soiez maz et haves,
Se vos n'iestes jusqu'a ce jor
Ceanz avoec moi au retor!"
Mes sire Yvains pleure et sopire
2580 Si fort, qu'a poinnes li pot dire:
„Dame, cist termes est molt lons.
Se je poisse estre colons
Totes les foiz, que je vouroie,
Molt sovant avoec vos seroie,
2585 Et je pri deu, que, s'il li plest,
Ja tant demorer ne me lest.
Mes tex cuide tost revenir,   Bl. 89 c.
Qui ne set, qu'est a avenir,
Et je ne sai, que m'avenra,

*

2569. mantez. Vergl. unten, z. 2700.

2574. Vergl. unten, z. 2750.

2575. Hui en cest ior sont les oitaues B.

2578. Vergl. Karl Simrock, Handbuch der deutschen mythologie mit einschluß der nordischen. s. 221.

2580. le pot A.

2582. Erinnert man sich der durch das mittelalter verbreiteten meinung von der zärtlichen treue der taube, so werden Yvains worte doppelt angemeßen erscheinen. Man vergl. J. Grimm, Die sage von der turteltaube, in: Altdeutsche wälder, herausgegeben durch die brüder Grimm. III. Frankfurt. 1816. 8. s. 34—43. É. Du Méril, Histoire de la poésie scandinave. Prolégomènes. Paris. 1839. 8. s. 333—335.

2590 Se essoines me detanra
De malage ne de prison;
S'avez de tant fet mesprison,
Quant vos nen avez mis defors
Au moins l'essoine de mon cors."
2595 „Sire," fet ele, „et jel i met,
Et neporquant bien vos promet,
Que, se dex de mort vos desfant,
Nus essoines ne vos atent,
Tant com vos sovanra de moi.
2600 Mes or metroiz an vostre doi
Cest mien anel, que je vos prest;
Et de la pierre, quex ele est,

*

2594. l'essoine de mon cors. Vergl. J. Grimm, Deutsche rechtsaltertümer. Göttingen. 1828. 8. s. 847. 848.

2598. desfant A. Ich habe dafür nach B, bei Guest. I. s. 165[a], atent gesetzt.

2600—2610. Man sehe oben die anmerkung zu z. 1035. 1036 und unten, z. 2770—2773. Man vergleiche ferner folgende stelle aus dem Roman d'Aspremont:

z. 1313 Lors fu molt lie quant ce out escoute.
La main li balle coiement a cele.
Un anelet li a el doi pose.
„Naymon" dist ele, „ie vos doing m'amiste.
Pren cet anel de fin or esmere.
Gardez le bien, car il a grant bonte.
Se le perdez, iamais n'iert recovre.
Ne ia n'estra par magie enherbe
Ne ia n'aura cel avoir amasse
Qui len de . . . ne .ii. denier monee.
Ne em bataille ne puet estre mate.
Qui l'a el doi, ia n'iert ensorcere.
De iugement ne sera ia greve.
z. 1326 De son chemin ne puet estre esgare.

Man sehe diese stelle bei: Immanuel Bekker, Der roman von Fierabras, provenzalisch. Berlin. 1829. 4. s. lxvi[b]. Über den Roman d'Aspremont vergleiche man P. Paris in: Histoire littéraire de la France. XXII. Paris. MDCCCLII. 4. s. 300—318. I. Bekker, Die altfranzösischen romane der st Marcusbibliothek. Proben und auszüge. Berlin. 1839. 4. s. 252—291. I. Bekker, Der roman von Aspremont. Berlin. 1847. 4.

Vos voel dire tot en apert:
Prison ne tient, ne sanc ne pert
2605 Nus amanz verais et leax,
Ne avenir ne li puet max,
Mes qui le porte et chier le tient,
De s'amie li resovient,
Et si devient plus durs, que fers,
2610 Cil vos iert escuz et haubers;
Et voir einz mes a chevalier
Ne le vos prester ne baillier,
Mes par amors le vos doing gie."
Or a mes sire Yvains congie;
2615 Molt ont plore au congie prendre.
Et li rois ne vost plus atendre
Por rien, qu'an dire li seust,
Einz li tardoit, que l'en eust
Toz lor palefroiz amenez,
2620 Apareilliez et anfrenez.
Des qu'il le vost, il fu tost fet;
Li palefroi lor sont fors tret,
Si n'i a mes, que del monter.
Ne sai, que plus doie conter,
2625 Comant mes sire Yvains s'en part,
Ne des beisiers, qu'an li depart,
Qui furent de lermes seme
Et de dolcor anbausseme.
Et del roi, que vos conteroie,
2630 Comant la dame le convoie
Et ses puceles avoec li   Bl 89 ᵈ·
Et tuit li chevalier ausi?

*

2615. Vergl. unseres dichters Erec (ausg. von Bekker, s. 411.).
z. 1466: Mout ont au departir plore.

2618. Vergl. die anmerkung zu z. 708.

2622. Vergl. unten, z. 4150.

2626—2628. B hat:
  Des douz baisiers com il depart
  Qui furent de soupirs seme
  Et de doucor enbalsame.

Trop i feroie de demore.
La dame, porce qu'ele plore,
2635 Prie li rois de remenoir
Et de raler a son menoir.
Tant li prie, qu'a molt grant poinne
S'an retorne et ses genz anmoinne.

Mes sire Yvains molt a enuiz
2640 Est de s'amie departiz
Ensi, que li cuers ne se muet;

*

2639—2778. Vergl Hartmann, z. 2971—3200.
2641—2657. Vergl. oben, z. 1923. 1924. 2015—2017. Über das wortspiel mit cors und cuers vergl. Crestien von Troies, s. 181. 182. 275. — Aus unseres dichters erzählung von Erec (ausgabe von Bekker) gehören folgende stellen hierher:

z. 3662 De lui uos sai uerite dire,
Qu'il estoit de cors molt petiz,
Mais de grant cuer estoit hardiz.

. . . .

z. 4562 Mais ele n'aperçoit ne sot
La dolor dont il se plaignoit,
Que toz ses cors en sanc baignoit,
Et li cuers faillant li aloit.

. . . .

z. 5576 Mais se ie uos uoi entrepris
Ou de uostre cors empirie,
Mout en aurai le cuer irie.

In der Chanson de Roland heißt es:

Ains me sera li cuers al cors partis.

So sagt Adenes im Roman de Cleomades, gegen den schluß:

Bien doivent a dieu obeir
Liement et cuer et cors offrir

Man sehe diese stelle bei A. Jubinal, La complainte et le jeu de Pierre de la Broce, s. 43.
Im Roman de la poire (in der Hist. litt. de la France. XXII. s. 874):

Car la doulor si me destint
Del cuer perdu et del cors vui.

Man vergleiche ferner A. Keller Romvart, s. 401. 9. 10:

Advis m'estoit et sans mensonge,
Qu'amours hors du corps mon cuer mist.

Man sehe weiter ebendas. s. 255. 5. 6. 311. 20. 626. 25. Man vergl. auch die von A. Jubinal, La complainte et le jeu de Pierre de

Li rois le cors mener an puet,
Mes del cuer n'enmanra il point;
Car si se tient et si se joint
2645 Au cuer celi, qui se remaint,
Qu'il n'a pooir, que il l'enmaint.
Des que li cors est sanz le cuer,
Don ne puet il estre a nul fuer,
Et se li cors sanz le cuer vit,
2650 Tel mervoille nus hom ne vit.
Ceste mervoille est avenue,
Que il a l'ame retenue
Sanz le cuer, qui estre i soloit,
Que plus sindre ne le voloit.
2655 Li cuers a boene remenance,
Et li cors vit en esperance
De retorner au cuer arriere.
S'a fet cuer d'estrenge meniere
Desesperance, qui sovant
2660 Traite et fause de covant.
Ja, ce cuit, l'ore ne saura,
Qu'esperance trai l'aura;
Car s'il .i. tot seul jor trespasse
Del terme, qu'il ont mis a masse,
2665 Molt a enuiz trovera mes
En sa dame trives ne pes.

*

la Broce, s. 44. 45, mitgeteilte chanson Heinrichs III., herzogs von Brabant: „Amors m'est u cuer entree"; jede der sechs strophen schließt hier mit den worten:
cui
J'aim si,
Que j'en ai et cuer et cors joli.
Man sehe auch: P. Heyse, Romanische inedita, s. 47. 4. 51. 1. 2.

2658—2660 lauten in B, nach Guest. I. s. 165b:
Si fet cuer destrange maniere
Desperance qui molt souent
Traist et fause mainte gent.

2659. se uant A.

2666. trives ne pes; so auch oben, z. 514.

Et je cuit, qu'il le passera,
Que departir ne le leira
Mes sire Gauvains d'avoec lui.
2670 Aus tornoiemenz vont andui
Par toz les leus, ou l'en tornoie,
Et li anz passe tote voie.
Sel fist tot l'an mes sire Yvains
Si bien, que mes sire Gauvains
2675 Se penoit de lui enorer   Bl. 89 e.
Et si le fist tant demorer,
Que toz li anz fu trespassez
Et de tot l'autre encor assez,
Tant que a la mi aost vint,
2680 Que li rois cort et feste tint.
Et furent la voille devant
Revenu del tornoiemant,
Ou mes sire Yvains ot este,
S'an ont tot le pris aporte,
2685 Ce dit li contes, ce me sanble;
Et li dui chevalier ansanble
Ne vostrent en vile descendre,
Einz firent lor paveillon tendre
Fors de la vile et cort i tindrent;
2690 C'onques a cort de roi ne vindrent,
Eincois vint li rois a la lor;
Car avoec ax sont li meillor
Des chevaliers et toz li plus.
Entr' ax seoit li rois Artus,
2695 Quant Yvains tant encomanca
A panser, que des lors en ca,
Que a sa dame ot congie pris,
Ne fu tant de panser sorpris
Com de celui; car bien savoit,
2700 Que covant manti li avoit
Et trespassez estoit li termes.

*

2671. les B, bei Guest. I. s. 165ᵇ. les fehlt A.
2700. Vergl. oben, z. 2569.

A grant poinne tenoit ses lermes,
Mes honte li feisoit tenir.
Tant pansa, qu'il virent venir
2705 Une dameisele a droiture,
Et vint molt tres grant aleure
Sor un noir palefroi baucent.
Devant lor paveillon descent,
Que nus ne fu a son descendre,
2710 Ne nus n'ala son cheval prendre;
Et lors que ele pot veoir
Le roi, se leissa jus cheoir
Son mantel et desafublee
S'en est el paveillon antree
2715 Et tres devant le roi venue.
Si dist, que sa dame salue
Le roi et mon seignor Gauvain
Et toz les autres, fors Yvain,
Le mancongier, le guileor,   Bl. 89 f.
2720 Le desleal, le tricheor.
„Qu'il l'a guilee et deceue;
Bien a sa guile aparceue,
Qu'il se feisoit verais amerres,
S'estoit fos souduïanz et lerres.
2725 Sa dame a cil lerres souduite,
Qui n'estoit de nus max estruite,
Ne ne cuidoit pas a nul fuer,

*

2703. hont A. Ich habe honte gebeßert.

2707. Man vergl. folgende stelle aus Crestiens Erec (ausgabe von Bekker, s. 408):

    z. 1377 Ie ai trois palefroiz molt buens:
        Onques meillors n'ot rois ne cuens,
        Un sor, un noir et un baucent.

2705. Vergl. Crestien von Troies, s. 159, anm. 1.

2719—2722 lauten in B:

    Le desloial, le traitor,
    Le mencongier, le jengleor,
    Qui l'a lessiee et deceue,
    Bien est sa gengle aparceue.

Qu'il li deust anbler son cuer.
Cil n' anblent pas les cuers, qui aimment;
2730 Si a tex, qui larrons les claiment,
Qui en amer sont non veant
Et si n'an sevent nes neant.
Li amis prant le cuer s'amie
Ensi, qu'il ne li anble mie,
2735 Einz le garde, et cil, qui les anblent,
Li larron, qui prodome sanblent,
Icil sont larron ipocrite
Et traitor, qui metent lite
En cuers anbler, dont ax ne chaut;
2740 Mes li amis, quel part qu'il aut,
Le tient chier et si le raporte.
Mes sire Yvains la dame amorte,
Qu'ele cuidoit, qu'il li gardast
Son cuer et si li raportast,
2745 Eincois que fust passez li anz.
Yvain, molt fus or oblianz,
Quant il ne t'an pot sovenir,
Que tu devoies revenir
A ma dame jusqu'a .i. an!
2750 Jusqu'a a la feste saint Jehan
Te dona ele de respit,
Et tu l'eus an tel despit,
C'onques puis ne t'an renfanbra!
Ma dame en sa chanbre poinz a
2755 Trestoz les jorz et toz les tans;
Car qui aimme, il est en espans,

*

2738. Vielleicht ist luite zu lesen.
2750. Vergl. oben, z. 2574.
2756—2766 lauten in B:
Car qui aime, est en grant porpens,
N'onques ne pot prendre boen some,
Tote nuit aconte et asome
Les jorz, qui vienent et qui vont,
Et des maus, que li amant ont,
Conte le tens et la seson.

N'onques ne puet panre boen some,
Mes tote nuit conte et asome
Les jorz, qui vienent et qui vont,
2760 Ensi li leal amant font.
Contre le tans et la seison
N'est pas venue a desreison
Sa conplainte, ne devant jor, Bl. 90ᵃ.
Si ne di ge rien por clamor,
2765 Mes tant dit, que traiz nos a,
Qui a ma dame tresposa.
Yvain, n'a mes cure de toi
Ma dame, ainz te mande par moi,
Que james vers li ne reveignes,
2770 Ne son anel plus ne reteignes;
Par moi, que ci an presant voiz,
Te mande, que tu li envoiz,
Rant li, qu'a randre le t'estuet!"

Yvains respondre ne li puet;
2775 Que sans et parole li faut;
Et la dameisele avant saut,
Si li oste l'anel del doi,
Puis si comande a deu le roi
Et toz les autres fors celui,
2780 Cui ele leisse an grant enui;
Et ses enuiz tot ades croist,

*

N'est pas venue sanz reson
Sa compleinte et devant le jor,
Si n'en di ge rien por clamor,
Mes itant, que gabez nos as
Ma dame, quant tu l'esposas.

2767. Man vergleiche folgende stelle des Romans de Dolopathos, ausgabe von Ch. Brunet und A. de Montaiglon, s. 146:
Et de s'amor a toi ke monte,
Puis ke il n'a cure de toi?
Se il n'avoit cure de moi,
Auroie ge donc de lui cure?
2770—2773. Vergl. oben, z. 2600—2613.
2781—2813. Vergl. Hartmann, z. 3201—3248.

Que quanque il vit, li angroist,
Et quanque il ot, li enuie.
Mis se voldroit estre a la fuie
2785 Toz seus en si salvage terre,
Que l'en ne le seust ou querre,
Ne nus hom ne fame ne fust,
Qui de lui noveles seust,
Ne plus, que s'il fust en abisme.
2790 Ne het tant rien, com lui meisme,
Ne ne set, a cui se confort
De lui, qui soi meisme amort,
Mès ainz voldroit le san changier,
Que il ne se poist vengier
2795 De lui, qui joie s'a tolue.
D'antre les barons se remue;
Qu'il crient entr'ax issir del san;
Et de ce ne se gardoit l'an,
Sil an leissierent seul aler;
2800 Bien sevent, que de lor parler
Ne de lor siegle n'a il soing.
Et il va tant, que il fu loing
Des tantes et des paveillons.
Lors se li monte uns torbeillons

*

2804. Lors li monte uns estorbeillons B. — Vergl. Crestien von Troies, s. 160, anm. 1. s. 172. — „Iwein wird, als ihn seine gattin verschmäht, wahnsinnig und entstellt. Die entstellung kommt ebenso bedeutungsvoll in dem altfranzösischen gedichte von Partonopeus vor, der, als er seine geliebte verloren hat, sein haupt nicht wäscht und seine nägel nicht schneidet, und zuletzt so mager und misgestaltet wird, daß ihn niemand kennt. Partonopeus, von Maßmann, s. 167." W. Müller, in: Niedersächsische sagen und märchen, aus dem munde des volkes gesammelt und mit anmerkungen und abhandlungen herausgegeben von G. Schambach und W. Müller. Göttingen. 1854. 8. s. 413, anm. 1. — Man sehe ferner W. Müller in: Germania. Vierteljahrsschrift für deutsche altertumskunde, herausgegeben von Fr. Pfeiffer. I. Stuttgart. 1856. 8. s. 437 und anm. 2 das.; s. 440, anm 2. Osterwald, Iwein, ein keltischer frühlingsgott. Halle. 1853. 8. s. 52. 53. F. H. v. d. Hagen, Minnesinger. IV. s. 428. 564.

2805 El chief si grant, que il forsane,
Si se dessire et se depane
Et fuit par chans et par arees   Bl. 90[b].
Et lessa ses genz esgarees,
Qui se mervoillent, ou puet estre;
2810 Querant le vont destre et senestre,
Par les ostex as chevaliers
Et par haies et par vergiers,
Sel quierent la, ou il n'est pas.
Et il s'an vet plus que le pas,
2815 Tant qu'il trova delez un parc
.I. garcon, qui tenoit .I. arc
Et .v. saietes barbelees,
Qui molt erent tranchanz et lees.
Yvains s'en va jusqu'au garcon,
2820 Cui il voloit tolir l'arcon
Et les saietes, qu'il tenoit.
Porqant mes ne li sovenoit
De rien, que onques eust feite;
Les bestes par le bois agueite,
2825 Si les ocit et se manjue
La' venison trestote crue.
Et tant conversa el boschage
Com hom forsenez et salvage,
C'une meison a .I. hermite
2830 Trova molt basse et molt petite;
Et li hermites essartoit,
Quant vit celui, qui nuz estoit:
Bien pot savoir sanz nul redot,
Qu'il n'ert mie an son san del tot;
2835 Et si fist il tres bien le sot.
De la peor, que il en ot,
Se feri an sa meisonete.
De son pain et de sa porrete
Par charite prist li boens hom,

                                    *

2806. Si se descire et depenne B.
2808. Et par forez longues et lees B.
2814—3124. Vergl. Hartmann, z. 3261—3694.

2840 Si li mist fors de sa meison
Desor une fenestre estroite;
Et cil vient la, qui molt covoite
Le pain, sel prant et si i mort
(Ne cuit, que onques de si fort
2845 Ne de si aspre eust goste;
N'avoit mie .xx. solz coste
Li setiers, dont fu fez li pains;
Qu'a toz mangiers est force fains.)
Desatranpree et desconfite
2850 Tot menja le pain a l'ermite
Mes sire Yvains, que boen li sot,   Bl. 90^c.
De l'eve froide but au pot.
Quant mangie ot, si se refiert
El bois et cers et biches quiert;
2855 Et li boens hoem desoz son toit
Prie deu, quant aler l'en voit,
Qu'il le desfande et qu'il le gart,
Que mes ne vaingne cele part.
Mes n'est nus, tant po de san ait,
2860 Qui el leu, ou l'en bien li fait,
Ne revaigne molt volentiers.
Puis ne passa .VIII. jorz antiers,
Tant com il fu an cele rage,
Que aucune beste salvage
2865 Ne li aportast a son huis.
Iceste vie mena puis,
Et li boens hom s'antremetoit
De lui colchier et si metoit
Asez de la venison cuire,
2870 Et li peins et l'eve en la buire
Estoit toz jorz a la fenestre,
Por l'ome forsene repestre.
S'avoit a mangier et a boivre
Venison sanz sel et sanz poivre
2875 Et aigue froide de fontainne;

*

2870. en la buire B. et la buire A.

Et li boens hoem estoit an painne
De cuir vandre et d'acheter pain
D'orge et de soigle sanz levain.
S'ot puis tote sa livreison,
2880 Pain a plante et veneison,
Qu'il li dona tant longuement,
C'un jor le troverent dormant
En la forest .II. dameiseles
Et une, lor dame, avoec eles,
2885 De cui mesniee eles estoient.
Vers l'ome nu, que eles voient,
Cort et descent une des trois;
Mes molt le regarda eincois,
Que rien nule sor lui veist,
2890 Qui reconuistre li feist.
Sil avoit ele tant veu,
Que tost l'eust reconeu,
Se il fust de si riche ator,
Com il avoit este maint jor.
2895 Au reconoistre molt tarda   Bl. 90 d.
Et tote voie l'esgarda,
Tant qu'an la fin li fu avis
D'une plaie, qu'il ot el vis;
C'une tel plaie el vis avoit
2900 Mes sire Yvains, bien le savoit;
Qu'ele l'avoit assez veu.
Par la plaie l'a coneu;
Que ce est il, de rien n'en dote,
Mes de ce se mervoille tote,
2905 Comant ce li est avenu,
Que sil a trove poure et nu.
Molt s'an seigne et si s'an mervoille
Cele, ne le bote n'esvoille,

*

2878. D'orge ou d'avoine ou d'autre grein B.
2881. Qui li dure tant longuement B.
2884. Ihren namen nennt der dichter nachher, z. 3281.
2908. Mes ne le boute ne n'esveile B.

Einz prant le cheval, si remonte
2910 Et vient as autres, si lor conte
S'aventure tot an plorant.
Ne sai, qu'alasse demorant
A conter le duel, qu'ele an fist;
Mes plorant a sa dame dist:
2915 „Dame, je ai Yvain trove,
Le chevalier mialz esprove
Del monde et le mialz antechie;
Mes je ne sai, par quel pechie
Est au franc home mescheu;
2920 Espoir aucun duel a eu,
Qui le fet ensi demener;
An puet bien de duel forsener;
Et savoir et veoir puet l'an,
Qu'il n'est mie bien an son san;
2925 Que ja voir ne li avenist,
Que si vilmant se contenist,
Se il le san n'eust perdu.
Car li eust or dex randu
Le san au mialz, que il ot onques,
2930 Et puis, si li pleust adonques,
Qu'il remassist en vostre aie!
Car trop vos a mal envaie
Li cuens Aliers, qui vos guerroie.
La guerre de vos .II. verroie
2935 A vostre grant enor finee,
Se dex si boene destinee
Li donoit, qu'il se remeist
En son san et s'antremeist
De vos eidier a cest besoing." Bl. 90 c.
2940 La dame dist: „Or n'aiez soing!
Que certes, se il ne s'anfuit,
A l'aide de deu, ce cuit,
Li osterons nos de la teste
Tote la rage et la tempeste,

*

2933. Vergl. die anmerkung zu z. 3137.

2945 Mes tost aler nos an covient;
Car d'un oignement me sovient,
Que me dona Morgue, la sage,
Et si me dist, que si grant rage
N'est an teste, qu'il ne l'en ost."

*

2947. Morgant B. — Vergl. Crestien von Troies, s. 160, anm. 2. s. 20. 129. San Marte, Gottfrieds von Monmouth Historia regum Britanniae, s. 426. 427. — Auch in der erzählung von Erec (ausg. von Bekker) hat unser dichter widerholt der Morgue gedacht:

z. 1942 Et Guilemers . . . . . i uint.
De l'ile d'Aualon fu sire.
De cestui sai uerite dire,
Qu'il fu amis Morgain la fee,
Et ce fu ueritez prouee.

. . . .

z. 4194 Enqui meismes en la place
Li ont ses armes desuestues;
Et quant ses plaies ont ueues,
Si retorne la ioie en ire.
Li rois molt forment en sopire
Et fait aporter un entrait,
Que Morgue sa suer auoit fait.
Li entraiz ert de tel uertu,
Que Morgue ot donney Artu,
Que ia plaie, qui en fust ointe,
Ou fust sor ners ou fust sor iointe,
Ne fausist qu'en une semainne
z. 4206 Ne fust tote garie et sainne.

Im mittelenglischen gedichte ist aus Morgue la sage, vielleicht durch ein misverständnis, Morgan the wise geworden. Die stelle lautet, bei Ritson. I. s. 74:

z. 1747 The lady said: And this ilk be he,
And than he wil noght hethin fle,
Thorgh goddes help, than hope i yit
We sal him win ynto his wyt;
Swith at hame i wald we wer,
For thar i have an unement der,
Morgan the wise gaf it to me,
And said, als i sal tel to the;
He sayd: „This unement es so gode,
That, if a man be brayn-wode,
And he war anes anoynt with yt,
Smertly sold he have his wit.

2950 Vers le chastel s'an vont molt tost;
  Qu'il ert si pres, qu'il n'i ot pas
  Plus de demie liue .I. pas,
  (Des liues, qui el pais sont;
  Car a mesure des noz font
2955 Les .II. une, les quatre .II.)
  Et cil remaint dormant toz seus,
  Et cele ala l'oignement querre.
  La dame .I. suen escrin desserre,
  S'an tret la boiste et si la charge
2960 A la dameisele et trop large

*

In der chanson de geste de Huon de Bourdele sagt Auberon da, wo er seine herkunft erzählt:

  Jules Cesar me nori bien soue;
  Morge li fee, qui tant ot de biaute,
  Che fu ma mere, si me puist dix salver.
  De ces deux fui conçus et engerres;
  N'orent plus d'oirs en trestout lor ae.
  . . . .
  Drois empereres, si me puist dix salver,
  Ne sui pas dix, ains sui un hom carne,
  Auberons sùi par droit non apeles;
  Droit a Monmur, certes, la fui ge nes.
  Jules Cesar me nori bien soef,
  Qui les cemins fist faire et compasser.
  Morge la fee, qui tant ot de biaute,
  Ce fu ma mere, si me puist dix salver.

Man sehe diese stellen bei F. Wolf, Über die beiden wiederaufgefundenen niederländischen volksbücher von der königin Sibille und von Huon von Bordeaux, s. 39. 84. — Huon de Bordeaux, chanson de geste, publiée . . . par MM. F. Guessard et C. Grandmaison, s. 104. 105. 309. Man vergl. auch: Erec, eine erzählung von Hartmann von Aue, herausgegeben von M. Haupt, s. 158—160, z. 5155—5241.

2951—2955. Diese zeilen lauten in B:

  Qui pres est et n'i avoit pas
  Apres demie liue .I. pas,
  Au liues, qui el pais sont,
  Qui a mesure des noz font
  De .II. une et de quatre .II.

2953. Vergl. oben, z. 190.
2954. font B. sont A.

Li prie, que ele n'en soit,
Les temples et le front l'en froit,
Qu'aillors point metre nen besoingne,
Les temples et le front l'en oingne
2965 Et le remenant bien li gart;
Qu'il n'a point de mal autre part,
Fors que seulement el cervel.
Robe veire, cote et mantel
A fet porter de soie an greinne;
2970 Cele li porte et si li meinne
An destre .I. palefroi molt buen,
Et avoec ce i met del suen
Chemise et braies deliees
Et chauces noires et dougiees.
2975 Atot ce si trestost s'an va,
Qu'ancor dormant celui trova
La, ou ele l'avoit leissie.
Ses chevax met en .I. pleissie,
Ses atache et lie molt fort
2980 Et puis vient la, ou cil se dort,
Atot la robe et l'oingnement,
Et fet .I. molt grant hardemant; Bl. 90 f.
Que del forsene tant s'aproche,
Qu'ele le menoie et atoche,
2985 Et prant l'oignement, sil en oint,
Tant com en la boiste an ot point;
Et tant sa garison covoite,
Que de l'oindre par tot esploite,

*

2961—2964 lauten in B:
Si li prie molt et chastie,
Que l'oignement n'i meste mie
Fors les temples et le front oigne,
Qu'aillors point metre nen besoigne.

2965. Diese zeile ist in A nach 2966 nochmals irrtümlich widerholt.

2974. noires bien tailiees B.

2975. Atout la boite einsint s'en va B.

Si le met trestot an despanse;
2990 Que ne li chaut de la desfanse
Sa dame, ne ne l'en sovient;
Plus en i met, qu'il ne covient,
Molt bien, ce li est vis, l'enploie.
Les temples et le front l'en froie,
2995 Trestot le cors jusqu'an l'artuel,
Tant li froia au chaut soloil
Les temples et trestot le cors,
Que del cervel li trest si fors
La rage et la melencolie;
3000 Mes del cors fist ele folie,
Qu'il ne li estoit nus mestiers;
S'il en i eust .v. setiers,
S'eust ele autel fet, ce cuit.
La boiste anporte, si s'anfuit,
3005 Sí s'est vers ses chevax reposte,
Mes la robe mie nen oste,
Porce que, se cil se ravoie,
Vialt, qu'apareilliee la voie
Et qu'il la preigne, si s'an veste.
3010 Derriers .i. grant chasne s'areste,
Tant que cil ot dormi assez,
Qui fu gariz et respassez
Et ot son san et son mimoire;
Mes nuz se voit com un' yvoire,
3015 S'a grant honte et plus grant eust,
Se il s'aventure seust.
Mes ne sot, por coi nuz se trueve;

*

3000—3004. B hat hier:
Mes dou cors oindre fist folie,
Qu'il n'en estoit nus mestiers;
S'il en i eust .c. setiers,
S'en eust autel fet, ce cuit.
La boite prent, puis si s'enfuit.

3012. Lors fu B, bei Guest. I. s. 170a.

3013. Et ot son senz et son memoire. B, bei Guest. I. s. 170 a. (Guest hat übrigens sou senz.) — Et tot A.

Devant lui voit la robe nueve,
Si se mervoille a desmesure,
3020 Comant et par quel aventure
Cele robe estoit la venue;
Et de sa char, que il voit nue,
Est trespansez et esbaiz
Et dit, que morz est et traiz,
3025 S'einsi l'a trove ne veu
Riens nule, qui l'ait coneu. Bl. 91 ᵃ.
Et tote voie si se vest
Et regarde vers la forest,
S'il verroit nul home venir.
3030 Lever se cuide et sostenir,
Mes ne puet tant, qu'aler s'an puisse,
Mestiers li est, qu'aide truisse,
Qui li aist et qui l'enmaint;
Que sil a ses granz max ataint,
3035 Qu'a poinnes puet sor piez ester.
Or ne vialt mes plus arester
La dameisele, ainz est montee
Et par delez lui est passee,
Si con s'ele nel i seust.
3040 Et cil, qui grant mestier eust
D'aide, ne li chausist, quel,
Qui l'enmenast jusqu'a ostel,
Tant qu'il fust auques en sa force,
De li apeler molt s'esforce;
3045 Et la dameisele autresi
Vet regardant environ li,
Com s'ele ne sache, qu'il a,
Esbaie vet ca et la;
Que droit vers lui ne vialt aler.
3050 Et cil comance a rapeler:

*

3025. 3026. S'en tel guise l'a trove nu
Nule riens, qui l'ait coneu B
3043. 3044. Tant que il refust en sa force,
De lui rapeler molt s'efforce B.

„Dameisele, deca, deca!"
Et la dameisele adreca
Vers lui son palefroi anblant;
Cuidier li fist par ce sanblant,
3055 Qu'ele de lui rien ne seust,
N'onques la veu nel eust;
Et san et corteisie fist.
Quant devant lui vint, si li dist:
„Sire chevaliers, que volez,
3060 Qui a tel besoing m'apelez?"
„Ha"! fet il, „dameisele sage,
Trovez me sui an cest boschage,
Je ne sai, par quel mescheance.
Por deu et por vostre creance
3065 Vos pri, que an toz guerredons
Me prestez ou donez an dons
Ce palefroi, que vos menez."
„Volentiers, sire; mes venez
Avoec moi la, ou ge m'an vois!"
3070 „Quel part?" fet il. „Fors de cest bois, Bl. 91ᵇ.
Jusqu'a .I. chastel ci selonc."
„Dameisele, or me dites donc,
Se vos avez besoing de moi!"
„Oil", fet ele, „mes je croi,
3075 Que vos n'iestes mie bien sains;
Jusqu'a quinzainne a tot le mains
Vos covendroit a sejor estre.
Le cheval, que je maing an destre,
Prenez! S'irons jusqu'a ostel."
3080 Et cil, qui ne demandoit el,
Le prant et monte, si s'an vont,
Tant que il vindrent a .I. pont,

*

3052. le adreca A. Ich habe le gestrichen. — Et la pucele s'adreca B.

3057. san et corteisie. Dieselbe verbindung sehe man oben, z. 98. 2125; man vergl. auch unten, z. 4455: si feras san.

3082. Tant qu'il vindrent aoripont A. Tant que il vindrent a .I. pont B. a .I. pont C.

Don l'eve estoit roide et bruianz.
Et la dameisele giete anz
3085 La boiste, qu'ele portoit vuide;
Qu'ainsi vers sa dame se cuide
De son oignement escuser,
Qu'ele dira, que au passer
Del pont ensi li meschei,
3090 Que la boiste an l'eve chei,
Por ce que desoz li copa
Ses palefroiz, li escapa
Del poing la boiste et a bien pres,
Que ele ne sailli apres;
3095 Mes adonc fust la perte graindre;
Ceste manconge voldra faindre,
Qant devant sa dame iert venue.
Lor voie ont ansanble tenue,
Tant que au chastel sont venu.
3100 Si a la dame retenu
Mon seignor Yvain lieemant,
Et sa boiste et son oingnement
Demanda a sa dameisele;
Mes ce fu seul a seul, et cele
3105 Li a la manconge retreite,
Si grant, com ele l'avoit feite;
Que le voir ne l'en osa dire.
S'en ot la dame molt grant ire
Et dit: „Ci a molt leide perte;

*

3083. Dont l'eve estoit noire et bruianz B. Ähnlich dieser lesart heißt es in La mule sanz frain, bei Méon, Nouveau recueil. I. s. 13:

z. 390 Gauvain chemine tote voie
Tant que il vint a l'eve noire,
Qui estoit plus bruianz que Loire.

3084. rue enz B.

3091. de souz lui coupa B.

3092. li escapa ist von einer zweiten hand in A zugesetzt. B hat: li eschapa. C: li escapa.

3094. ne chai B.

3110 Que de ce sui je tote certe,
Qu'ele n'iert james recovree,
Mes des que la chose est alee,
Si n'i a que del consirrer.
Tele hore cuide on desirrer
3115 Son bien, qu'an desirre son mal, Bl. 91ᶜ·
Si com je crui de cest vasal,
Don cuidai bien et joie avoir.
Si ai perdu de mon avoir
Tot le meillor et le plus chier;
3120 Neporquant bien vos vuel prier
De lui servir sor tote rien."
„Ha, dame, or dites vos molt bien;
Que ce seroit trop vileins geus,
Qui feroit d'un domage deus."

3125 A tant de la boiste se teisent
Et mon seignor Yvain aeisent.
De quanqu'eles pueent ne sevent,
Sel baignent et son chief li levent
Et sel font rere et reoignier;
3130 Que l'en li poist anpoignier
La barbe a plain poing sor la face.
Ne vialt chose, qu'an ne li face:
S'il vialt armes, an li atorne,

*

3114. Ich habe diese zeile, welche in A., wo übrigens der raum dafür leer geblieben ist, fehlt, aus B aufgenommen. Sie lautet in C: Tel cose puet on desirer.

3115. Sot A. Son B.

3116. Si com j'ai fet B.

3125—3334. Vergl. Hartmann, z. 3695—3827.

3127—3131. Diese zeilen lauten in B:
De quanque il puent, le servent,
Si le baignent, son chief li levent
Et font gentement rooignier;
Que l'en li poist enpoignier
La barbe jusque sus la face.

3133. armes en li atorne B, bei Guest. I. s. 171ᵃ. — armes

S'il vialt cheval, en li sejorne
3135 Grant et bel et fort et hardi.
Tant sejorna, qu'a .I. mardi
Vint au chastel li cuens Aliers
A sergenz et a chevaliers,
Et mistrent feu et pristrent proies;
3140 Et cil del chastel tote voies
Montent et d'armes se garnissent,
Arme et desarme s'an issent,
Tant que les coreors aceignent,
Qui por ax movoir ne se deignent,
3145 Einz les atendent a .I. pas.
Et mes sire Yvains fiert el tas,
Qui tant a este sejornez,
Qu'an sa force fu retornez.
Si feri de si grant vertu
3150 .I. chevalier parmi l'escu,
Qu'il mist en .I. mont, ce me sanble,
Cheval et chevalier ansanble;
N'onques puis cil ne se leva;
Qu'el vantre li cuers li creva,
3155 Et fu parmi l'eschine frez.
.I. petit s'est arrieres trez

*

et an li done A. Ich habe die lesart von B in den text aufgenommen.

3137. Vergl. oben, z. 2933. Man sehe ferner: Godefroid de Bouillon, suite du chevalier au cygne, avec des recherches sur la première croisade, par le baron de Reiffenberg. Bruxelles. 1848. 4. s. 75, anm. 3. — Im englischen Ywaine and Gawin, z. 1871 (bei Ritson. I. s. 79) heißt der graf: „The ryche eryl syr Alers." Die entsprechende stelle lautet:

z. 1869 So it fell sone on a day,
Whils he in the castel lay,
The ryche eryl, syr Alers,
With knightes, serjantes, and swiers,
And with swith grete vetale,
Come that kastel to asayle.

3154. Vergl. die anmerkung zu z. 4038.

Mes sire Yveins et si recuevre,
Trestoz de son escu se cuevre   Bl. 91 ᵈ·
Et cort por le pas desconbrer;
3160 Plus tost ne poist an nonbrer
An preu et .ii. et trois et quatre,
Que l'en nel i veist abatre
Quatre chevaliers erraument
Plus tost et plus delivrement;
3165 Et cil, qui avoec lui estoient,
Por lui grant hardemant prenoient;
(Que tex apoinne ovrer an tasche,
Qant il voit, c'uns prodom alasche
Devant lui tote une besoingne;
3170 Que maintenant honte et vergoingne
Li cort sus et si giete fors
Le povre cuer, qu'il a el cors,
Si li done sostenemant
Cuer de prodome et hardemant.)
3175 Ensi sont cil devenu preu,
Si tient chascuns molt bien son leu
En la meslee et an l'estor.

*

3157. Diese zeile steht in A doppelt.

3163. erraument B, bei Guest. I. s. 171.ᵇ. — araumant A.

3167—3174. Diese zeilen teilt Fauchet, Recueil de l'origine de la langue et poesie françoise, s. 101, in folgender von A und B (bei Guest. I. s. 171ᵇ.) abweichenden form mit:

Car tiex a pauure cuer & lache,
Quant voit vn preudhom qui entache
Desor soi tote vne besongne,
Que maintenant honte & vergongne
Li cort sus & si iette fors,
Le pauure cuer qu'il a el cors:
Et si li donne plainement
Cuer de preudhomme & hardement.

3176. 3177. Diese zeilen lauten in B, bei Guest. I. s. 171ᵇ:

Si tient chascuns molt bien son jeu
As lances trenchanz en l'estro.

l'estor habe ich hiernach aus B in den text gesetzt. A hat l'ator.

Et la dame fu en la tor
De son chastel montee an haut
3180 Et vit la meslee et l'asaut
Au pas desresnier et conquerre,
Et vit assez gisanz par terre
Des afolez et des ocis,
Des suens et de ses anemis,
3185 Et plus des autres, que des suens.
Mes li cortois, li preuz, li buens
Mes sire Yvains trestot ausi
Les feïsoit venir a merci,
Com fet li faucons les cerceles.
3190 Et disoient et cil et celes,
Qui el chastel remes estoient
Et la bataille regardoient:
„Hai, com vaillant soldoier!
Com fet ses anemis ploier!
3195 Con roidement il les requiert!
Tot autresi antr' ax se fiert,
Com li lyons antre les dains,
Quant l'engoisse et chace la fains;
Et tuit nostre autre chevalier
3200 An sont plus hardi et plus fier;
Que ja, se par lui seul ne fust,   Bl. 91 e.
Lance brisiee n'i eust,
N'espee traite por ferir.
Molt doit an amer et cherir
3205 .I. prodome, quant en le trueve.
Veez or, comant cil se prueve,
Veez, com il se tient el ranc!
Or veez, com il taint de sanc
Et sa lance et s'espee nue,
3210 Veez, comant il les remue,
Veez, comant il les antasse,
Com il lor vient, com il lor passe,

3192. Ich habe die lesart von B, bei Guest. I. s. 172 a, aufgenommen. A hat: Et des batailles les gardoient.

Com il ganchist, com il retorne!
Mes au ganchir petit sejorne
3215 Et molt demore an son retor.
Veez, quant il vient an l'estor,
Com il a po son escu chier,
Com il le leisse detranchier,
N'en a pitie ne tant ne qant,
3220 Mes de ce se voit molt engrant
Des cos vangier, que l'en li done!
Qui de trestot le bois d'Argone
Li auroit fet lances, ce cuit,
N'i auroit il nule anquenuit;
3225 Qu'an ne l'en set tant metre an fautre,
Com il pecoie devant autre.
Et veez, comant il le fet
De l'espee, quant il la tret!
Onques ne fist par Durandart
3230 Rolanz des Turs si grant essart
En Roncevax ne an Espaigne;
Se il eust an sa compaigne

*

3214. 3215. Vergl. die ähnliche wendung unten, z. 4480. 4481.

3229. Vergl. Crestien von Troies, s. 263, anm. 3. — Man sehe auch F. Wolf, Über die neuesten leistungen der Franzosen für die herausgabe ihrer nationalheldengedichte, s. 168—172. F. Wolf, Über die beiden wideraufgefundenen niederländischen volksbücher von der königin Sibille und von Huon von Bordeaux, s. 69 und anmerkung 1 daselbst.

3230. Vergl. Ruolandes liet, von W. Grimm. Göttingen. 1838. 8. s. 313. 314.

3231. „Bedeutungsvoll . . . nannten die Franken jene große walstätte Ronceval, span. Roncesvalles, bei Turpin Runciae vallis, von runcia, franz. ronce rubus, sentis, und dieser altfränkischen sage traue ich noch ein nachgefühl des heidnischen begriffes thurnichallis zu. (Thurnichallus oder wie man die endung bilden wolle, drückt . . . dorngezweig, dorngeflecht, dornschichte aus, womit man ursprünglich den scheiterhaufen, dann aber, wie bustum und τάφος in den begriff des grabs übergiengen, den grabhügel bezeichnete)." J. Grimm, Über das verbrennen der leichen. Berlin. 1850. 4. s. 37. 35. 36.

Auques de si fez compaignons,
Li fel, de coi nos nos pleignons,
3235 S'en alast come desconfiz,
Ou il en remassist honiz."
Et dient, que buer seroit nee,
Cui il auroit s'amor donee,
Qui si est as armes puissanz
3240 Et desor toz reconoissanz,
Si con cierges antre chandoiles
Et la lune antre les estoiles
Et li solauz desor la lune.
Et de chascun et de chascune
3245 A si les cuers, que tuit voldroient   Bl. 91 f.
Por la proesce, qu'an lui voient,
Que il eust lor dame prise
Et fust la terre an sa justise.
Ensi tuit et totes prisoient
3250 Celui, dont verite disoient;
Que ces de la a si atainz,
Que il s'anfuient qui ainz ainz;
Mes il les chace molt de pres
Et tuit si compaignon apres;
3255 Que lez lui sont ausi seur,
Com s'il fussent tuit clos a mur
Haut et espes de pierre dure.
La chace molt longuement dure,
Tant que cil, qui fuient, estanchent,
3260 Et cil, qui chacent, lor detranchent
Toz lor chevax et esboelent,
Les vis desor les morz roelent,
Qui s'antrafolent et ocient,
Leidement s'antrecontralient,
3265 Et li cuens tot ades s'anfuit.
Mes mes sire Yvains pas ne fuit,
Qui de lui siudre ne se faint;

*

3239. 3240. B bei Guest. I. s. 172b: poissanz: reconoissanz.
3263. Vergl. z. 3785.

Tant le chace, que il l'ataint
Au pie d'une ruiste montee,
3270 Et ce fu molt pres de l'antree
D'un fort recet, qui estoit suens.
Iqui fu retenuz li cuens,
C'onques riens ne li pot eidier,
Et sanz trop longuement pleidier
3275 Anprist la foi mes sire Yvains;
Que des que il le tint as mains
Et il furent seul per a per,
N'i a neant del eschaper,
Ne del ganchir ne del desfandre,
3280 Einz li plevist, qu'il s'iroit randre
A la dame de Norison,
Si se metroit an sa prison
Et feroit peis a sa devise.
Et quant il en ot la foi prise,
3285 Si li fist son chief desarmer
Et l'escu jus del col oster,
Et l'espee li randi nue.
Ceste enors li est avenue,
Qu'il anmaine le conte pris,   Bl. 92ᵃ.
3290 Si le rant a ses anemis,
Qui n'en font pas joie petite.
Mes ainz fu la novele dite
Au chastel, que il i venissent;
Encontre ax tuit et totes issent
3295 Et la dame devant toz vient.
Mes sire Yvains par la main tient
Le prisonier, si li presante;
Sa volante et son creante
Fist lors li cuens oltreemant
3300 Et par foi et par seiremant
Et par ploiges l'en fist seure,
Ploige li done et si li jure,
Que toz jorz mes pes li tanra

*

3277. Vergl. unten, z. 4525.

Et que ses pertes li randra,
3305 Quanqu' ele an mosterra par prueves,
Et refera les meisons nueves,
Que il avoit par terre mises.
Qant ces choses furent asises
Ensi, com a la dame sist,
3310 Mes sire Yvains congie anquist,
Que ele ne li donast mie,
Se il a fame ou a amie
La volsist panre et nocoier.
Neis siudre ne convoier
3315 Ne s'i vost il lessier un pas;
Einz s'an parti en es le pas,
C'onques rien n'i valut proiere.
Or se mist a la voie arriere
Et leissa molt la dame iriee,
3320 Que il avoit molt feite liee;
Et com plus liee l'avoit feite,
Plus li poise et plus se desheite,
Quant il ne vialt plus demorer;
C'or le volsist ele enorer,
3325 Et sel feist, se lui pleust,
Seignor de quanque ele eust,
Ou ele li eust donees
Por son servise granz soldees,
Si granz, com il les volsist prendre.
3330 Mes il n'en vost onques entendre
Parole d'ome ne de fame.
Des chevaliers et de la dame
S'est partiz, mes que bien l'en poist; Bl. 92 b.
Que plus remenoir ne li loist.

3335 Mes sire Yvains pansis chemine
Par une parfonde gaudine,
Tant qu'il oi enmi le gaut

*

3334. Vergl. nachher, z. 4030.
3335—3761. Vergl. Hartmann, z. 3828—4356.

.I. cri molt dolereus et haut.
Si s'adreca lors vers le cri
3340 Cele part, ou il l'ot oi,
Et quant il parvint cele part,
Vit .I. lyon en un essart
Et .I. serpant, qui le tenoit
Par la coe et si li ardoit
3345 Trestoz les rains de flame ardant;
N'ala mie molt regardant
Mes sire Yvains cele mervoille,
A lui meismes se consoille,

*

3341—3409. Diese stelle hat F. v. Reiffenberg, Godefroid de Bouillon, s. 91—93, nach dem texte bei Guest. I. s. 173. 174, mitgeteilt.

3342—3345. Man vergleiche folgende stelle des Romans de Gille de Cyn (ausgabe von F. von Reiffenberg. Bruxelles. 1847. 4. s. 129. 130):

z. 3730 Signor, en cele desertine,
Desor une roce moult grande,
Droit a l'issire d'une lande,
Trueve i lion et i serpent
Qui se combatent fierement.
3735 Gilles de Cyn armez estoit,
Car toz les jors armez aloit
Por la crieme dez Turs, sans faille.
Quant il coisi cele bataille
Une fort hante en sa main prent
3740 Gilles, cui hardement esprent,
Le ceval point par grans effors,
Le serpent fiert parmi le cors,
Une [fois] ou plus outre lui passe,
L'ante ne brise ne ne quasse,
3745 Ens el serpent remest entiere;
Gilles de Cyn, ce m'est aviere,
A mis avant le branc d'acier
Que moult amoit et tenoit chier.
De son ceval a pie descent;
3750 La teste a prise du serpent
Qui moult estoit grans et hydeus;
La bataille remest dez deus.

Man vergl. auch F. v. Reiffenberg, a. a. o., Introduction, s. LX. LXI.

Au quel d'aus .II. il aidera.
3350 Lors dit, qu'au lyon se tanra;
Qu'a venimeus ne a felon
Ne doit an feire se mal non,
Et li serpanz est venimeus,
Si li saut par la boche feus,
3355 Tant est de felenie plains.
Por ce panse mes sire Yvains,
Qu'il l'ocirra premieremant;
S'espee tret et vint avant
Et met l'escu devant sa face,
3360 Que la flame mal ne li face,
Que il gitoit parmi la gole,
Qui plus estoit lee d'une ole;
Se li lyons apres l'asaut,
La bataille pas ne li faut.
3365 Mes que qu'il l'en aveingne apres,
Eidier li voldra il ades;
Que pitiez li semont et prie,
Qu'il face secors et aie
A la beste gentil et franche.
3370 A s'espee, qui soef tranche,
Va le felon serpant requerre,
Si le tranche jusqu'anz enz terre
Et les .II. mitiez retroncone,
Fiert et refiert et tant l'en done,
3375 Que tot le demince et depiece;
Mes il li covient une piece
Tranchier de la coe au lion   Bl. 92 c.
Por la teste au serpant felon,
Qui par la coe le tenoit;
3380 Tant, com tranchier an covenoit,

*

3350. Lors dit, au lyon le fera B, bei Guest I. s. 174 a.

3353. 3354. Über das giftblasen und feuerspeien des drachen vergl. L. Uhland, in Franz Pfeiffers Germania. II. Stuttgart. 1857. 8. s. 348—350. J. Grimm, Deutsche mythologie. II. s. 649. 650. 653.

En trancha, c'onques moins ne pot.
Quant le lyon delivre ot,
Si cuida, qu'il li covenist
Conbatre et que sus li venist;
3385 Mes il ne le se pansa onques.
Oez, que fist li lyons donques,
Com fist que preuz et deboneire,
Com il li comanca a feire
Sanblant, que a lui se randoit!
3390 Que ses piez joinz li estandoit
Et vers terre encline sa chiere,
Si s'estut sor ses piez derriere
Et puis si se ragenoilloit
Et tote sa face moilloit
3395 De lermes par humilite.
Mes sire Yvains por verite
Set, que li lyons le mercie
Et que devant lui s'umilie
Por le serpant, que il a mort
3400 Et lui delivre de la mort.
Si li plest molt ceste aventure.
Por le venin et por l'ordure
Del serpant essuie s'espee,
Si l'a el fuerre rebotee,
3405 Puis si se remet a la voie.
Et li lyons lez lui costoie;
Que james ne s'an partira,
Toz jorz mes avoec lui ira:
Que servir et garder le vialt.
3410 Devant a la voie s'aquialt,
Si qu'il santi desoz le vant,
Si com il en aloit devant,
Bestes salvages en pasture;

*

3386—3409. Eine ähnliche stelle aus des Gautier de Tornai gedichte über Gille de Cyn sehe man in meinem buche über Crestien von Troies. s. 162. 163. Sagen von treuer dankbarkeit des löwen habe ich ebendas., s. 162—164, nachgewiesen.

Si le semont feins et nature
3415 D'aler an proie et de chacier
Por sa vitaille porchacier;
Ce vialt nature, que il face.
.I. petit s'est mis en la trace,
Tant qu'a son seignor a mostre,
3420 Qu'il a senti et ancontre
Vant et fleir de salvage beste; Bl. 92ᵈ.
Lors le regarde et si s'areste,
Que il le vialt servir an gre;
Car encontre sa volente
3425 Ne voloit aler nule part.
Et cil parcoit a son esgart,
Qu'il li mostre, que il l'atant,
Bien l'aparcoit et bien l'entant;
Que s'il remaint, il remanra,
3430 Et se il le siust, il panra
La veneison, qu'il a santie.
Lors le semont et si l'escrie,
Ausi com uns brachez feist,
Et li lyons maintenant mist
3435 Le nes au vant, qu'il ot santi,
Ne ne li ot de rien manti;
Qu'il n'ot pas une archiee alee,
Quant il vit en une valee
Tot seul pasturer .I. chevrel;
3440 Celui panra il ja son vuel,
Si fist il au premier asaut
Et si an but le sanc tot chaut.
Qant ocis l'ot, si le gita
Sor son dos et sil enporta,
3445 Tant que devant son seignor vint,
Et puis an grant chierte le tint

*

3446—3448. B, bei Guest. I. s. 175ᵃ, hat:
Qui puis en grant chierte le tint
Et a lui a pris compeignie
A trestouz les jors de sa vie

Por la grant amor, qu'an lui ot.
Ja fu pres de nuit, se li plot,
Qu'ilueques se herbergeroit
3450 Et le chevrel escorcheroit,
Tant com il en voldroit mangier;
Lors le comance a escorchier,
Le cuir li fant desus la coste,
De la longe .i. larde li oste
3455 Et tret le feu d'un chaillot bis,
Sil a de busche sesche espris,
Puis mist en une broche an rost
Son larde cuire au feu molt tost,
Sel rostist tant, que il fu cuiz,
3460 Mes del mangier ne fu deduiz;
Qu'il n'i ot pein, ne vin, ne sel,
Ne nape, ne coutel, ne el.
Que qu'il manja, devant lui jut
Ses lyons, c'onques ne se mut,
3465 Einz l'a tot ades regardé,   Bl. 92ᵉ.
Tant qu'il ot de son gras larde
Tant mangie, que il n'en vost plus,
Et del chevrel le soreplus
Manja li lyons jusqu'as os.
3470 Et il tint son chief an repos
Tote la nuit sor son escu
A tel repos, come ce fu;
Et li lyons ot tant de sens,
Qu'il veilla et fu an espens
3475 Del cheval garder, qui pessoit
L'erbe, qui petit l'engressoit.
Au main s'an alerent ensanble
Et itel vie, ce me sanble,
Com il orent la nuit menee,
3480 Remenerent a la vespree
Et presque tote une quinzainne,

*

Por la grant amor, qu'il i sot.
Ja fu pres de nuit si li plot . . .

Tant qu'aventure a la fontainne
Desoz le pin les amena.
Las! par po ne reforsena
3485 Mes sire Yvains cele foiee,
Quant la fontainne a aprochiee
Et le perron et la chapele.
Mil foiz las et dolanz s'apele
Et chiet pasmez, tant fu dolanz;
3490 Et s'espee, qui ert colanz,
Chiet del fuerre, si li apointe
Es mailles del hauberc la pointe,
Enpres le col pres de la joe;
N'i a maille, qui ne descloe,
3495 Et l'espee del col li tranche
La pel desoz la maille blanche,
Si qu'il an fist le sanc cheoir.
Li lyons cuide mort veoir
Son compaignon et son seignor,
3500 Einz de rien n'ot ire graignor;
Qu'il comanca tel duel a fere,
N'oi tel conter ne retrere;
Qu'il se detuert et grate et crie
Et s'a talant, que il s'ocie
3505 De l'espee, qu'il li est vis,
Qu'il ait son boen seignor ocis.
A ses danz l'espee li oste
Et sor .I. fust gisant l'acoste
Et derriers a un tronc l'apuie; Bl. 92f.
3510 Qu'il a peor, qu'el ne s'anfuie,
Qant il i hurtera del piz.
Ja fust ses voloirs acompliz,
Quant cil de pasmeisons revint;
Et li lyons son cors retint,
3515 Qui a la mort toz escorsez
Coroit come pors forsenez,
Qui ne prant garde, ou il se fiere.
Mes sire Yvains en tel meniere
Devant le perron se pasma;

3520 Au revenir molt se blasma
Del an, que trespasse avoit,
Por coi sa dame le haoit,
Et dit: „Que fet, quant ne se tue
Cil las, qui joie s'est tolue?
3525 Que fais je, las, qui ne m'oci?
Comant puis je demorer ci
Et veoir les choses ma dame?
En mon cors por coi remaint ame?
Que fet ame an si dolant cors?
3530 Se ele an ert alee fors,
Ne seroit pas en tel martire.
Hair et blasmer et despire
Me doi voir molt et je si faz.
Qui pert sa joie et son solaz
3535 Par son mesfet et par son tort,
Molt se doit bien hair de mort,
Hair et ocirre se doit.
Et je, tant com nus ne me voit,
Por quoi m'esparg, que ne me tu?
3540 Donc n'ai je ce lyon veu,
Qui por moi a si grant duel fet,
Qu'il se volt m'espee antreset
Parmi le cors el piz boter?
Et je doi la mort redoter,
3545 Qui ai ma joie a duel changiee?
De moi s'est leesce estrangiee
Et tuit solaz, n'en dirai plus;
Que ce ne porroit dire nus.
S'ai demandee grant oiseuse;
3550 Des joies fu la plus joieuse
Cele, qui m'ert aseuree,
Mes molt ot petite duree,
Et qui ce pert par son mesfet, Bl. 93ᵃ
N'est droiz, que boene aventure et."
3555 Que que cil ensi se demante,

3555. Vergl. unten, z. 4377.

Une cheitive, une dolante
Estoit en la chapele anclose,
Qui vit et oi ceste chose
Par le mur, qui estoit crevez.
3560 Maintenant qu'il fu relevez
De pasmeisons, sil apela.
„Dex"! fet ele, „que voi ge la?
Qui est, qui se demante si?"
Et cil li respont: „Et vos, qui?"
3565 „Je sui", fet ele, „une cheitive,
La plus dolante riens, qui vive."
Cil li respont: „Tes fole riens,
Tex diax est joie, tex est biens
Envers les max, dont ge lenguis!
3570 Tant com li hom a plus apris
A delit et a joie vivre,
Plus le desvoie et plus l'enivre
De quanqu'il a, que un autre home;
Li foibles hom porte la some
3575 Par us et par acostumance,
C'uns autres de plus grant puissance
Ne porteroit por nule rien."
„Par foi," fet ele, „jel sai bien,
Que c'est parole tote voire;
3580 Mes por ce ne fet mie acroire,
Que vos aiez plus mal de moi;
Et por ce mie ne le croi,
Qu'il m'est avis, que vos poez
Aler quel part, que vos volez,
3585 Et je sui ci anprisonee,
Si m'est tex faesons donee,
Que demain serai ceanz prise
Et livree a mortel juise."
„Ha, dex!" fet il, „por quel forfet?"
3590 „Sire chevaliers, ja dex n'et
De l'ame de mon cors merci,
Se jel ai mie desservi!
Et neporquant si vos dirai

Le voir, que ja n'en mantirai;
3595 Por ce ceanz sui an prison,
Qu'an m'apele de traison,
Ne je ne truis, qui m'an desfande, Bl. 93 ᵇ.
Que lendemain ne m'arde ou pande."
„Or primes", fet il, „puis je dire,
3600 Que li miens diax et la moie ire
A la vostre dolor passee;
Qu'estre porriez delivree,
Par qui que soit, de cest peril.
Donc ne porroit ce estre?" „Oil.
3605 Mes je ne sai encor, par cui;
Il ne sont ancore que dui,
Qui osassent por moi enprandre
Bataille a trois homes desfandre."
„Comant, por deu, sont il donc troi?"
3610 „Oil, sire, a la moie foi,
Troi sont, qui traitre me claimment."
„Et qui sont cil, qui tant vos aimment,
Don li uns si hardiz seroit,
Qu'a trois conbatre s'oseroit
3615 Por vos sauver et garentir?"
„Je le vos dirai sanz mantir:
Li uns est mes sire Gauvains
Et li autres mes sire Yvains,
Por cui demain serai a tort
3620 Livree a martire de mort."
„Por le quel", fet il, „l'avez dit?"

*

3596. Vergl. nachher, z. 3637. 3638. In der chanson Ogier de Danemarche (bei Burguy, Gramm. de la langue d'oïl. II. s. 336) heißt es:

z. 8929 Callos, li fel, est vers moi parjures;
Il m'afia, qu'il n'i seroit gardes:
De traison le puis ben apeler.

3604. cil A. — Don ne puet il bien estre? oil B, bei Guest. I. s. 177 ᵃ.

3608. La bataille vers trois ensemble B, bei Guest. I. s. 177 ᵃ.

„Sire, se dame dex m'ait,
Por le fil au roi Urien."
„Or vos ai entandue bien;
3625 Mes vos n'i morroiz ja sanz lui:
Je meismes cil Yvains sui,
Por cui vos estes an esfroi;
Et vos estes cele, ce croi,
Qui en la sale me gardastes,
3630 Ma vie et mon cors m'i salvastes
Entre les .ii. portes colanz,
Ou ge fui pensis et dolanz
Et angoisseus et antrepris;
Morz i eusse este et pris,
3635 Se ne fust vostre boene aie.
Or me dites, ma dolce amie,
Qui cil sont, qui de traison
Vos apelent et an prison
Vos ont et anclose an reclus!"
3640 „Sire, nel vos celerai plus,
Des qu'il vos plest, que jel vos die.
Voirs est, que je ne me fains mie   Bl. 93 c.
De vos eidier an boene foi;
Par l'amonestement de moi
3645 Ma dame a seignor vos recut,
Mon los et mon consoil an crut;
Et, par la sainte paternostre,
Plus por son preu, que por le vostre
Le cuidai feire et cuit ancor,
3650 Itant vos an reconuis or;
S'enor et vostre volente
Porquis, se dex me doint sante!

*

3623. Vergl. oben, zu z. 1016. 1017.
3629. Vergl. oben, z. 970 fgd.
3631. Vergl. oben, z. 1521.
3634. ou pris B, bei Guest. I. s. 177 a.
3637. Vergl. die anmerkung zu z. 3596.
3642—3652. Vergl. oben, z. 1741—1748.

Mes quant c'avint, que vos eustes
L'an trespasse, que vos deustes
3655 Revenir a ma dame ça,
Tantost a moi se correca
Et molt se tint a deceue
De ce, qu'ele m'avoit creue.
Et quant ce sot li seneschax,
3660 Uns fel, uns traitres mortax,
Qui grant envie me portoit
Por ce, que ma dame creoit
Moi plus, que lui de maint afeire,
Si vit bien, c'or porroit il feire
3665 Entre moi et li grant corroz.
An plainne cort et veant toz
Me dist, que por vos l'oi traie.
Et je n'oi consoil ne aie
Fors de moi seule, qui disoie,
3670 C'onques vers ma dame n'avoie
Traison feite ne pansee.
Sire, por deu, com esfree
Tot maintenant, sanz consoil prendre,
Dis, je m'an feroie desfandre
3675 D'un chevalier ancontre trois.
Onques ne fu cil si cortois,
Que il le deignast refuser,
Ne ressortir ne reuser
Ne m'an poi por rien, qu'avenist;
3680 Ensi a parole me prist.
Si me covint d'un chevalier
Encontre trois gage a baillier
Et par respit de .xxx. jorz;
Puis ai este an maintes corz,

*

3667. Me dist B, bei Guest. I. s. 177 b. Mamist A.
3672—3674 lauten in B, bei Guest. I. s. 177 b:
    Si respondi come effree
    Tot meintenant sanz conseil prendre,
    Que je me feroie deffendre . . .

3685 A la cort le roi Artus fui,
N'i trovai consoil en nelui, Bl. 93 d.
Ne n'i trovai, qui me deist
De vos chose, qui me seist;
Car il nen savoient noveles."
3690 „Et mes sire Gauvains chaeles,
Li frans, li dolz, ou ert il donques?
A s'aie ne failli onques
Dameisele desconseilliee."
„Cil me feist joiant et liee,
3695 Se je a cort trove l'eusse;
Ja requerre ne li seusse
Riens nule, qui me fust vehee.
Mes la reine en a menee
Uns chevaliers, ce me dit an,
3700 Don li rois fist que fors del san,
Quant apres li l'en envoia,
Et Kex, ce cuit, la convoia
Jusqu'au chevalier, qui l'enmainne.
S'an est or entrez an grant painne
3705 Mes sire Gauvains, qui la quiert,
James nul jor a sejor n'iert,
Jusque tant, qu'il l'aura trovee.
Tote la verite provee

*

3685. Diese zeile steht in A doppelt. Vergl. unten, z. 3899. 4707.

3691. li frans, li dolz, so auch unten, z. 4127. li douz z. 6285.

3698—3707. Vergl. unten, z. 3910—3931. 4732—4737. Das eräugnis, auf welches Crestien in diesen stellen anspielt (die wegführung von Artus gemahlin Ganievre durch Meleagant), hat er nebst allem, was sich daran knüpft, ausführlich in seinem Roman del chevalier de la charrete erzählt. Man sehe Crestien von Troies, s. 106. 107.

3700. fist que fors del san. Vergl. Burguy, Grammaire de la langue d'oïl. II. s. 168.

3708. Vergl. die zu z. 601 angeführte stelle aus Crestiens König Wilhelm von England:

„Biax ostes, verite provee
Aves dite," ce dist Loviaus.

Vos ai de m'aventure dite.
3710 Demain morrai de mort despite,
Si serai arse sanz respit .
Por mal de vos et por despit."
Et il respont: „Ja deu ne place,
Que l'en por moi nul mal vos face!
3715 Ja que je puise, n'i morroiz;
Demain atendre me porroiz
Apareillie lonc ma puissance,
De metre an vostre delivrance
Mon cors, si com je le doi feire.
3720 Mes de conter ne de retreire
As genz, qui je sui, ne vos chaille;
Que qu'aveigne de la bataille,
Gardez, que l'en ne m'i conoisse!"
„Sire, certes, por nule angoisse
3725 Vostre non ne descoverroie,
La mort eincois an soferroie,
Des que vos le volez ensi;
Et neporquant ice vos pri,   Bl. 93 e.
Que ja por moi n'i reveigniez,
3730 Ne vuel pas, que vos anpreigniez
Bataille si tres felonesse.
Vostre merci de la promesse!
Que volantiers la feroiez.
Mes trestoz quites an soiez!
3735 Que mialz est, que je seule muire,
Que je les veisse deduire
De vostre mort, et de la moie
Ja por ce nen eschaperoie,
Quant il vos auroient ocis.
3740 S'est mialz, que vos remaingniez vis,
Que nos i fussiens mort andui."
„Molt avez or dit grant enui,"
Fet mes sire Yvains, „bele amie.

*

3715. Ja que je vive, ne morroiz B, bei Guest. I. s. 178 a.
3720—3723. Vergl. unten, z. 4632—4634.

Espoir ou vos ne volez mie
3745 Estre delivree de la mort,
Ou vos despisiez le confort,
Que je vos faz de vos eidier.
N'anquier or plus a vos pleidier;
Que vos avez tant fet por moi,
3750 Certes, que faillir ne vos doi
A nul besoing, que vos aiez.
Bien sai, que molt vos esmaiez,
Mes, se deu plest, an cui je croi,
Il an seront honi tuit troi.
3755 Or n'i a plus, que je m'an vois,
Ou que soit, logier an ce bois;
Que d'ostel pres ne sai ge point."
„Sire", fet ele, „dex vos doint
Et boen ostel et boene nuit,
3760 Et de chose, qui vos enuit,
Si, com je le desir, vos gart!"

Mes sire Yvains atant s'an part
Et li lyons toz jorz apres;
Sont tant ale, qu'il vindrent pres
3765 D'un fort recet a .I. baron,
Qui clos estoit tot anviron
De mur espes et fort et haut.
Li chastiax ne cremoit assaut
De mangonel ne de perriere;
3770 Qu'il estoit forz a grant meniere,
Mes fors des murs estoit si rese
La place, qu'il n'i ot remese
An estant borde ne meison.   Bl. 93 f.
              *
3745. delivree B, bei Guest. I. s. 178 b. delivre A.
3748. Je ne quier plus B, bei Guest.
3762—4304. Vergl. Hartmann, z. 4357—5144.
3763. Vergl. unten, z. 6706.

3769. Vergl. G. K. Frommann, Herborts von Fristlâr Liet von Troye, s. 313, zu z. 14138. 14139.

3771. si rese B, bei Guest, I. s. 179 a. remese A.

Assez en orroiz la reison
3775 Une autre foiz, quant leus sera.
La plus droite voie s'en va
Mes sire Yvains vers le recet;
Et vaslet saillent jusqu'a set,
Qui li ont .I. pont avale,
3780 Si li sont a l'encontre ale,
Mes del lyon, que venir voient
Avoec lui, durement s'esfroient;
Si li dient, que, s'il li plest,
Son lyon a la porte lest,
3785 Qu'il ne les afost et ocie.
Et il respont: „N'en parlez mie,
Que ja n'i enterrai sanz lui!
Ou nos aurons l'ostel andui,
Ou je me remanrai ca fors;
3790 Qu'autretant l'aim come mon cors.
Et neporquant n'en dotez rien!
Que je le garderai si bien,
Qu'estre porroiz tot asseur."
Cil responent: „A boen eur!"
3795 Atant sont el chastel antre
Et vont tant, qu'il ont ancontre
Chevaliers, dames et sergenz
Et dameiseles avenanz,
Qui le saluent et descendent
3800 Et a lui desarmer entandent.
Si li dient: „Bien soiez vos,
Biax sire, venuz antre nos,
Et dex vos i doint sejorner,
Tant que vos an puisiez torner
3805 A grant joie et a grant enor!"

*

3781. 3782. Vergl. unten, z. 6452. 6453.
3785. Vergl. oben, z. 3263.
3790. Vergl. oben, z. 2382 und die anmerkung zu z. 6428.
3797. Vergl. unten, z. 5004.
3800. Vergl. oben, z. 228.

Des le plus haut jusqu'au greignor
Li font joie et forment s'an painnent,
A grant joie a l'ostel l'enmainnent.
Et quant grant joie li ont feite,
3810 Une dolors, qui les desheite,
Lor refet la joie oblier,
Si recomancent a crier
Et plorent et si s'esgratinent;
Ensi molt longuement ne finent
3815 De joie feire et de plorer;
Joie por lor oste enorer
Font, sanz ce que parole en aient; Bl. 94 a.
Car d'une aventure s'esmaient,
Qu'il atendent a landemain;
3820 S'an sont tuit seur et certain,
Qu'il l'auront einz que midis soit.
Mes sire Yvains s'esbaissoit
De ce, que si sovant chanjoient,
Que duel et joie demenoient.
3825 S'an mist le seignor a reison
Del chastel et de la meison.
„Por deu," fet il, „biax, dolz, chiers sire,
Ice pleiroit vos il a dire,
Por coi m'avez tant enore
3830 Et tant fet joie et puis plore?"
„Oil, s'il vos vient a pleisir;
Mes le celer et le teisir
Devriez vos asez voloir;
Chose, qui vos face doloir,
3835 Ne vos dirai je ja mon vuel.
Leissiez nos feire nostre duel,
Si n'an metez ja rien a cuer!"
„Ce ne porroit estre a nul fuer,
Que je duel feire vos veisse

*

3806. C. Hofmann vermutet: Del plus menu jusqu'au greignor.
3809. Et quant B, bei Guest. I. s. 179 b. Et tant A.
3817. Tout sanz ce que talent en aient B, bei Guest.
3833. Devriez melz assez voloir B, bei Guest.

3840 Ne rien a mon cuer n'an meisse,
Einz le desir molt a savoir,
Quelque duel, que j'en doie avoir."
„Donc," fet il, „le vos dirai gie:
Molt m'a uns jaianz domagie,
3845 Qui voloit, que je li donasse
Ma fille, qui de biaute passe
Totes les puceles del monde.
Li fel jaianz, cui dex confonde,
A non Harpins de la montaingne;
3850 Ja n'iert jorz, que del mien ne praigne
Tot ce, que il an puet ateindre.
Mialz de moi ne se doit nus plaindre
Ne duel feire ne duel mener,
De duel devroie forsener;
3855 Que .VI. filz chevaliers avoie,
Plus biax el monde ne savoie,
Ses a toz .VI. li jaianz pris,
Veant moi en a .II. ocis
Et demain ocirra les quatre,
3860 Se je ne truis, qui s'anconbate
A lui por mes filz delivrer,   Bl. 94 b.
Ou se ge ne li voel livrer
Ma fille; et quant il l'aura,
As plus vix garcons, qu'il saura
3865 En sa meison, et as plus orz
La liverra por lor deporz;
Qu'il ne la deigneroit mes prandre.
A demain puis ce duel atendre,
Se dame dex ne m'an consoille;
3870 Et por ce n'est mie mervoille,

* * *

3849. Vergl. Crestien von Troies, s. 164, anm. 1. Im englischen Ywaine and Gawin heißt es s. 95:
z. 2249 A geant wons her ner bysyde,
That es a devil of mekil pryde,
His name hat Harpyns of mowntain.
3862—3867. Vergl. unten, z. 4107—4111.

Biax sire chiers, se nos plorons;
Mes por vos, tant com nos poons,
Nos resforcons a la foiee
De feire contenance liee;
3875 Que fos est, qui prodome atret
Entor lui, s'enor ne li fet;
Et vos me resanblez prodome.
Or vos en ai dite la some,
Sire, de nostre grant destrece.
3880 N'en chastel ne an forterece
Ne nos a lessie li jaianz
Fors tant, com il en a ceanz;
Vos meismes bien le veistes,
S'enuit garde vos an preistes,
3885 Qu'il n'a lessie vaillant .I. es
Fors de ces murs, qui sont remes,
Ainz a trestot le borc plene;
Quant ce, qu'il vost, en ot mene,
Si mist el remenant le feu,
3890 Einsi m'a fet meint felon geu."
Mes sire Yvains tot escouta,
Quanque ses ostes li conta,
Et quant trestot escoute ot,
Si li redist ce que lui plot.
3895 „Sire", fet il, „de vostre enui
Molt iriez et molt dolanz sui,
Mes d'une chose me mervoil,
Se vos n'en avez quis consoil
A la cort le boen roi Artu.

*

3890. fet B, bei Guest. I. s. 180ᵃ. fett A.

3899. Vergl. z. 3685. 4707. In Li contes de Meraugis von Raoul de Houdenc heißt es:

Segnor, au tens le roi Artu,
Qui tant estoit de grant vertu,
Ot en Bretaigne la gregnor
Un roi, qui tint molt grant honor.

Man sehe diese stelle bei A. Keller, Romvart, s. 591, 1—4. Über

3900 Nus hom n'est de si grant vertu,
Qu'a sa cort ne poist trover
Tex, qui voldroient esprover
Lor vertu ancontre la soe."
Et lors li descuevre et desnoe
3905 Li riches hom, que il eust   Bl. 94 c.
Boene aie, se il seust,
Ou trover mon seignor Gauvain.
„Cil nel anpreist pas envain;
Que ma fame est sa suer germainne;
3910 Mes la fame le roi enmainne
Uns chevaliers d'estrange terre,
Qui a la cort l'ala requerre;
Neporquant ja ne l'en eust
Menee por rien, qu'il peust,
3915 Ne fust Kex, qui anbricona
Le roi tant, qu'il li bailla
La reine et mist en sa garde.
Cil fu fos et cele musarde,

*

Raoul de Houdenc vergl. man Crestien von Troies, s. 51. 52, anm. 1.

3908. Unser dichter liebt den plötzlichen übergang in die directe rede, der sehr zur belebung der erzählung beiträgt. Man vergl. unten, z. 4272. 5010. 6152. 6175. Man sehe auch Crestiens Guillaume d'Engleterre, s. 168.

3909. Vergl. nachher, z. 3973. 3974.

3910—3931. Vergl. die anmerkung zu z. 3698.

3911. 3912. Im Mantel mautaillie (bei F. Wolf, Über die lais, s. 347) heißt es:

z. 223 Si sui venuz d'estrange terre,
Por seulement cest don requerre.

3918. fol et musart findet man sehr häufig verbunden. Ich führe einige beispiele an:

Tretout le plus ardi se tient fol e musart.

Romans de Charlemagne, bei I. Bekker, Die altfranzösischen romane der st Marcusbibliothek. Berlin. 1839. 4. s. 214. A. Keller, Romvart, s. 22, 4.

Tout le monde doit homme jeune viel au toussart

Qui an son conduit se fia;
3920 Et je resui cil, qui i a
Trop grant domage et trop grant perte;
Que ce est chose tote certe,
Que mes sire Gauvains, li preuz,
Por sa niece et por ses neveuz
3925 Fust ca venuz grant aleure,
Se il seust ceste aventure;
Mes il nel set, dont tant me grieve,
Que par po li cuers ne me crieve;
Einz est alez apres celui,
3930 Cui dame dex doint grant enui,
Quant menee en a la reine."
Mes sire Yvains onques ne fine
De sopirer, quant ce antant;
De la pitie, que il en prant,
3935 Li respont: „Biax, dolz sire chiers,
Je m'anmetroie volentiers
En l'aventure et el peril,
Se li jaianz et vostre fil
Venoient demain a tele ore,
3940 Que n'i face trop grant demore,
Que je serai aillors que ci
Demain a ore de midi,
Si com jel ai acreante."

*

Laidangier et tenir pour fol et pour mussart.
Les proprietes d'aucunes femmes, bei A. Keller, Romvart, s. 146, 1. 2.
Ebenso auch provenzalisch:
    Mas ab tot so fan que fol e muzart.
      Bertran Carbonel de Marcelha.
L'amicx ha dol qui ditz una folia,
 E l'enemicx ri de la musardia.
     Cavalier de Moncog.
Man sehe diese stellen bei Karl Bartsch, Denkmäler der provenzalischen litteratur. Stuttgart. 1856. 8. (Bibliothek des litterarischen vereins in Stuttgart. XXXIX.) s. 6, 23. 132, 20. 21; man vergl. ebendas., s. 319.

3934. il en prent B, bei Guest. I. s. 180 b. il len prant A.

"Biax sire, de la volante
3945 Vos merci ge," fet li prodom,
„.c. mile foiz en .I. randon."
Et totes les genz de l'ostel
Li redisoient autretel.
Atant vint d'une chanbre fors   Bl. 94 d.
3950 La pucele, gente de cors
Et de facon bele et pleisanz;
Molt vint sinple et mue et teisanz;
C'onques ses diax ne prenoit fin;
Vers terre tint le chief anclin,
3955 Et sa mere revint de coste;
Que mostrer les voloit lor oste
Li sires, qui les ot mandees.
En lor mantiax anvelopees
Vindrent por lor lermes covrir;
3960 Et il lor comande a ovrir
Les mantiax et les chies lever
Et dit: „Ne vos doit pas grever
Ce que je vos comant a feire;
C'un franc home molt deboneire
3965 Nos a dex et boene aventure
Ceanz done, qui m'aseure,
Qu'il se conbatra au jaiant.
Or n'en alez plus delaiant,
Qu'au pie ne l'en ailliez cheoir!"
3970 „Ce ne me lest ja dex veoir!"
Fet mes sire Yvains maintenant,
„Voir ne seroit mie avenant,
Que au pie me venist la suer
Mon seignor Gauvain a nul fuer,
3975 Ne sa niece. Dex m'an desfande,
C'orguiauz en moi tant ne s'estande,

*

3956. les habe ich für lee in A gesetzt. la voloit son B, bei Guest. I. s. 181 a.

3973. 3974. Vergl. oben, z. 3909.

3975. Vergl. nachher, z. 4050.

Que a mon pie venir les les!
Voir ja n'oblieroie mes
La honte, que je en auroie;
3980 Mes de ce boen gre lor sauroie,
Se eles se reconfortoient
Jusqu'a demain, que eles voient,
Se dex les voldra conseillier;
Moi ne covient il plus proier.
3985 Mes que li jaianz si tost veingne,
Qu'aillors mantir ne me coveingne!
Que por rien je ne lesseroie,
Que demain a midi ne soie
Au plus grant afeire, por voir,
3990 Que je onques poisse avoir."
Ensi ne les volt pas del tot
Aseurer; car an redot
Est, que li jaianz ne venist   Bl. 94 e.
A tele ore, que il poist
3995 Venir a tens a la pucele,
Qui ert anclose an la chapele.
Et neporquant tant lor promet,
Qu'an boene esperance les met;
Et tuit et totes l'en mercient;
4000 Qu'an sa proesce molt se fient
Et molt pansent, qu'il soit preudom,
Por la conpaingnie au lyon,
Qui ausi dolcement se gist
Lez lui, com uns aigniax feist.
4005 Por l'esperance, qu'an lui ont,
Se confortent et joie font,
N'onques puis duel ne demenerent.
Qant ore fu, sil enmenerent
Colchier en une chanbre clere,
4010 Et la dameisele et sa mere
Furent an .II. a son colchier;

*

3996. Vergl. oben, z. 3557.
4000. sa proesce B, bei Guest. I. s. 181 b. s'esperance A.

Qu'eles l'avoient ja molt chier
Et cent mile tanz plus l'eussent,
Se la corteisie seussent
4015 Et la grant proesce de lui.
Il et li lyons anbedui
Jurent leanz et reposerent;
Qu'autres genz gesir n'i oserent,
Einz lor fermerent si bien l'uis,
4020 Que il n'en porent issir puis
Jusqu'au demain a l'enjornee.
Quant la chanbre fu desfermee,
Si se leva et oi messe
Et atendi por la promesse,
4025 Qu'il lor ot feite, jusqu'a prime.
Le seignor del chastel meisme
Apele; oiant toz si li dit:
„Sire, je n'ai plus de respit,
Einz m'an irai, si ne vos poist;
4030 Que plus demorer ne me loist;
Et sachiez bien certainnemant,
Que volentiers et boenemant,
Se trop n'eusse grant besoing
Et mes afeires ne fust loing,
4035 Demorasse encor une piece
Por les neveuz et por la niece
Mon seignor Gauvain, que j'aim molt." Bl. 94 f
Trestoz li cuers el vantre bolt
A la pucele de peor,
4040 A la dame et au vavasor;

*

4023. Vergl. die anmerkung zu z. 2150. Vergl. ferner Ritson, Ancient englesih metrical romanceës. III. s. 241.

4025. prime d. h. sechs uhr morgens. Vergl. Burguy, Grammaire de la langue d'oïl. I. s. 119. III. s. 304.

4030. Ähnlich oben, z. 3334.

4038. Vergl. oben, z. 3154. unten, z. 4543. In Crestiens Roman del chevalier de la charrete (ausg. von Jonckbloet, s. 62) heißt es:

z. 751 Et jure le cuer de son vantre.

Tel peor ont, qu'il ne s'en aut,
Que il li vostrent de si haut,
Com il furent, au pie venir,
Mes il ne lo vout pas sofrir;
4045 Que lui ne fust ne bel ne buen.
Lors li ofre a doner del suen
Li sires, s'il an vialt avoir,
Ou soit de terre ou d'autre avoir,
Mes que ancor un po atende;
4050 Et il respont: „Dex me desfande,
Que je ja rien nule n'en aie!"
Et la pucele, qui s'esmaie,
Comance molt fort a plorer,
Si li prie de demorer;
4055 Come destroite et angoisseuse
Por la reine glorieuse
Del ciel et des anges li prie
Et por deu, qu'il ne s'an aut mie,
Einz atende encore .I. petit,
4060 Et por son oncle, que il dit,
Qu'il le conuist et loe et prise.
Si l'an est molt grant pitiez prise,
Qant il ot, qu'ele se reclaimme
De par l'ome, qu'ele plus aimme,
4065 Et par la reine des ciax,
De par li, qui est li moiax
Et la dolcors de piete.
D'angoisse a .I. sopir gite;

*

4044. Diese zeile scheint in A von einer andern als der gewöhnlichen hand geschrieben zu sein.

4050. Vergl. oben, z. 3975.

4064. De par le non que il plus aime B, bei Guest. I. s. 182 b.

4066. 4067. Nach Guest lauten diese zeilen in B:
Et de par deu, qui est li miex
Et de doucor et de pitie.

Que por le reaume de Tarse
4070 Ne voldroit, que cele fust arse,
Que il avoit aseuree.
Sa vie auroit corte duree,
Ou il istroit toz vis del sens,
S'il n'i pooit venir a tens;
4075 Et d'autre part (autre destrece!)
Le retient la granz gentillece
Mon seignor Gauvain, son ami,
Que par po ne li part par mi
Li cuers, quant demorer ne puet;
4080 Neporquant ancor ne se muet,
Eincois demore et si atant   Bl. 95 a.
Tant, que li jaianz vient batant,
Qui les chevaliers amenoit;
Et .I. pel a son col tenoit
4085 Grant et quarre, agu devant,
Dom il les bousoit molt sovant,
Et il n'avoient pas vestu
De robe vaillant .I. festu,

*

4069. Tarse B, bei Guest. Carse A.

4075. en grant destrece B, bei Guest.

4082. 4083. In B lauten diese zeilen nach Guest:
    Tant que li geanz vient batant
    Les chevaliers, qu'il amenoit.
Die lesart von A ist indessen wol richtig. Venir batant heißt eilig daherkommen. Vergl. Burguy, Grammaire de la langue d'oïl. III. s. 37.

4088. Ebenso heißt es in unseres dichters Conte del roi Guillaume d'Engleterre:
    N'en portes vaillant .I. festu.
Man sehe diese stelle in: Chroniques anglonormandes, recueil... publié par F. Michel. III. Rouen 1840. 8. s. 45. Denselben begriff drückt unser dichter ebendas. in folgender wendung aus:
    Dones si tout a ceste fois,
    Que le vaillant d'une castaigne
    De tos moebles ne vos remaigne.
Man vergl. auch: A. Schweighæuser, De la négation dans les

Fors chemises sales et ordes;
4090 S'avoient bien liez de cordes
Les piez et les mains, si seoient
Sor .IIII. roncins, qui clochoient,
Meigres et foibles et redois,
Chevalchant vindrent lez le bois;
4095 Uns nains, fel come boz anflez,
Les ot coe a coe noez,
Ses aloit costoiant toz quatre,
Onques ne les fina de batre
D'unes corgiees a .VI. neuz,
4100 Don molt cuidoit feire que preuz;
Les batoit si, que tuit seinnoient;
Ensi vilmant les amenoient
Entre le jaiant et le nain.

*

langues romanes du midi et du nord de la France. Paris. 1852. 8. s. 75. 78.

4089. sales B, bei Guest. fales A.

4095. fel. So auch in unseres dichters Erec (ausg. v. Bekker):
z. 207 „Fui" fait Erec, „nains enuious:
Trop es fel et contralious.
. . . .
212 Li nains fu fel, nuns nou fu plus.

4099. In Crestiens Erec (ausg. v. Bekker) heißt es:
z. 145 Et deuant lor sor un roncin
Uenoit uns nains tot le chemin
Et ot en sa main aportee
Une corgie en son noee.
. . . .
161 Li nains a l'encontre li uient;
En sa main sa corgie tient.
. . . .
173 Et li nains hauce la corgie,
Quant a li la uit aprochie.
. . . .
213 De la corgie grant colee
Li a parmi le col donee:
Le col et la face a uergie
Erec dou cop de la corgie.

Vergl. auch Crestien von Troies, s. 18, anm. 1.

Devant la porte enmi .i. plain
4105 S'areste li jaianz et crie
Au preudome, que il desfie
Ses filz de mort, s'il ne li baille
Sa fille, et a sa garconaille
La liverra a jaelise;
4110 Car il ne l'aimme tant ne prise,
Qu'an li se daingnast avillier;
De garcons aura .i. millier
Avoec lui sovant et menu,
Qui seront poeilleus et nu
4115 Si con ribaut et torche pot;
Que tuit i' metront lor escot.
Par po, que li preudom n'enrage,
Qui ot celui, qui a putage
Dit, que sa fille li metra,
4120 Ou orandroit si, quel verra,
Seront ocis si .iiii. fil;
S'a tel destrece come cil,
Qui mialz s'ameroit morz, que vis.
Molt se claimme dolanz cheitis
4125 Et plore formant et sopire.   Bl. 95ᵇ.
Et lors li ancomance a dire
Mes sire Yvains con frans et dolz:
„Sire molt est fel et estolz

*

4107—4111. Vergl. oben, z. 3862—3867.

4109. Si la merront a gaelise B, bei Guest. I. s. 183ᵃ. Vergl. Roquefort, Glossaire de la langue romane. I. s. 661, u. d. w. galloise.

4113. Vergl. unseres Crestien Erec (ausg. v. Bekker):
z. 1448 Li pere et la mere autresi
Les baise souent et menu.
Vergl. Burguy, Grammaire de la langue d'oïl. III. s. 245, unter menut.

4114. Vergl. Roquefort, Glossaire de la langue romane. II. s. 370, unter dem worte poiloux.

4119. Vielleicht ist merra zu lesen.

4127. Vergl. oben, z. 3691; unten, z. 6285.

Cil jaianz, qui la fors s'orguelle;
4130 Mes ja dex ce sofrir ne vuelle,
Qu'il ait pooir de vostre fille!
Molt la despist et molt l'aville;
Trop seroit granz mesaventure,
Se si tres bele criature
4135 Et de si haut parage nee
Ert a garcons abandonee.
Ca mes armes et mon cheval!
Et feites le pont treire aval,
Si m'an lessiez oltre passer!
4140 De nos .II. covenra lasser,
Ou moi ou lui, ne sai le' quel.
Se je le felon, le cruel,
Qui ci nos vet contraliant,
Pooie feire humeliant
4145 Tant, que voz filz vos randist quites
Et les hontes, qu'il vos a dites,
Vos venist ceanz amander,
Puis vos voldroie comander
A deu, s'iroie a mon afeire."
4150 Lors li vont son cheval fors treire
Et totes ses armes li baillent,
De lui bien servir se travaillent,
Et bien et tost l'ont atorne;
A lui armer n'ont sejorne
4155 S'a tot le moins non, que il porent.
Quant bien et bel atorne l'orent,
Si n'i ot, que del avaler
Le pont et del lessier aler.
En li avale et il s'an ist,
4160 Mes apres lui ne remassist
Li lyons an nule meniere;
Et cil, qui sont remes arriere,
Le comandent au salveor;
Car de lui ont molt grant peor.

*

4150. Vergl. oben, z. 2622.

4165 Que li maufez, li anemis,
Qui avoit maint prodome ocis,
Veant lor ialz enmi la place
Autretel de lui ne reface;
Si prient deu, qu'il le desfande Bl. 95ᶜ.
4170 De mort et vif et sain lor rande
Et le jaiant li doint ocirre;
Si come chascuns le desirre,
An prie deu molt dolcemant.
Et cil par son fier hardemant
4175 Vint vers lui, si le menaca
Et dit: „Cil, qui t'anvea ca,
Ne t'amoit mie par mes ialz!
Certes, il ne se poist mialz
De toi vangier en nule guise,
4180 Molt a bien sa vengence prise
De quanque tu li as forfet."
„De neant es antrez an plet",
Fet cil, qui nel dote de rien,
„Or fai ton mialz et je le mien;
4185 Que parole oiseuse me lasse!"
Tantost mes sire Yvains li passe,
Cui tarde, qu'il s'an soit partiz;
Ferir le va enmi le piz,
Qu'il ot arme d'une pel d'ors,
4190 Et li jaianz li mut le cors
De l'autre part atot son pel.
Enmi le piz li dona tel

*

4170. Ähnlich heißt es in der Chanson Ogier de Danemarche (bei Burguy, Grammaire de la langue d'oïl. I. s. 145):
z. 2948 Or te proi je, par la toie merci,
C'Ogier me rendes et sain et sauf et vif.
Im Roman de Garin le Loherain. II. s. 202 (bei Burguy. I. s. 283):
Par tel convent me renderai a ti,
Que je m'en voise et sains et saus et vis.

4185. Vergl. oben, z. 99.

4187. Vergl. z. 2618. 4336 und die anmerkung zu z. 708.

Mes sire Yvains, que la piax fausse,
El sanc del cors an leu de sausse
4195 Le fer de la lance li moille;
Et li jaianz del pel le roille
Si fort, que tot ploier le fet.
Mes sire Yvains l'espee tret,
Dom il savoit ferir granz cos.
4200 Le jaiant a trove desclos,
Qui an sa force se fioit
Tant, que armer ne se voloit,
Et cil, qui tint l'espee treite,
Li a une envaie feite;
4205 Del tranchant, non mie del plat,
Le fiert si, que il li abat
De la joe une charbonee;
Et il l'en ra une donee
Tel, que tot le fet anbrunchier
4210 Jusque sor le col del destrier.
A ce cop li lyons se creste,

*

4205. Vergl. nachher, z. 6116.

4211. Man sehe nachher, z. 5523. Vergl. Crestien von Troies, s. 164, anm. 3. Wie hier Yvain, wird auch Gille de Cyn von dem löwen, der ihn begleitet, im kampfe unterstützt. Man sehe: Monuments pour servir à l'histoire des provinces de Namur, de Hainaut et de Luxembourg, recueillis ... par le baron de Reiffenberg. VII. Bruxelles. 1847. 4. s. 144:

z. 4184 Destre et senestre lor quert seure,
Sez lyons en meisme l'eure
Lor i a xx Turs devoures,
As piez et as dens deschires,
Et des cevaus desi a xxx;
As Turs livre molt grant entente,
Forment aiue son signor
De vrai cuer et de bone amor;
Mais poi dura, car tost fu mors.
I Turc le fiert parmi le cors
D'une lance bien aceree,
Devant Gilles en la meslee.
Gille le voit, moult fu dolens;

De son seignor eidier s'apreste
Et saut par ire et par grant force   Bl. 95 d.
S'aert et fant com une escorce
4215 Sor le jaiant la pel velue
Si, que desoz li a tolue
Une grant piece de la hanche,
Les ners et les braons li tranche;
Et li jaianz li est estors,
4220 Si bret et crie come tors;
Que molt l'a li lyons greve.
Le pel a a .II. mains leve
Et cuide ferir, mes il faut;
Car li lyons en travers saut;
4225 Si pert son cop et chiet envain
Par delez mon seignor Yvain,
Que l'un ne l'autre n'adesa.
Et mes sire Yvains antesa,
Si a .II. cos entrelardez,
4230 Einz que cil se fust regardez,
Li ot au tranchant de s'espee
L'espaule del bu dessevre;
A l'autre cop soz la memele
Li bota tote l'alemele
4235 De s'espee parmi le foie.
Li jaianz chiet, la morz l'asproie;
Et se uns granz chasnes cheist,
Ne cuit, que graindre esfrois feist,
Que li jaianz fist au cheoir.
4240 Ce cop vuelent molt tuit veoir

*

z. 4197 De lui venger ne fu pas lens u. s. f.
Auch weiterhin erfreut sich Yvain der hilfe seines löwen. Man vergleiche unten, z. 4501—4557. 5586—5685.

4214. Vergl. unten, z. 5626. Man vergleiche auch folgende stelle aus dem Roman de la violete, bei Burguy, Grammaire de la langue d'oïl. II. s. 240. 241:

z. 5528 Si s'entreviennent par tel forche,
Que tout aussi comme escorche
Esclicent les lanches et fraignent.

Cil, qui estoient as creniax,
Lors i parut li plus isniax;
Que tuit corent a la cuiriee;
Si, com li chiens, qui a chaciee
4245 La beste tant, que il l'a prise,
Ensi coroient sanz feintise
Tuit et totes par enhatine
La, ou cil gist gole sovine.
Li sires meismes i cort
4250 Et tote la gent de sa cort,
Cort i la fille, cort la mere.
Or ont joie li .IIII. frere,
Qui molt avoient mal sofert.
De mon seignor Yvain sont cert,
4255 Qu'il nel porroient retenir
Por rien, qui poist avenir;
Si li prient de retorner   Bl. 95ᵉ·
Por deduire et por sejorner
Tot maintenant, que fet aura
4260 Son afeire la, ou il va.
Et il respont, qu'il ne les ose
Asseurer de ceste chose.
Il ne set mie deviner,
S'il porra bien ou mal finer;
4265 Mes au seignor itant dist il,

*

4265—4288. Vergl. nachher, z. 4744—4750. Es mag auch hier wider (vergl. anm. zu z. 2554) darauf aufmerksam gemacht werden, wie die sitten und bräuche, welche der spätere ritterroman schildert, ihr vorbild in den früheren dichtungen haben. Wie hier Yvain dem Gauvain, der freund dem freunde, den zwerg und die befreiten sendet, schicken bekanntlich die helden der prosaischen ritterromane diejenigen, welche die kraft ihres armes erlöst oder besiegt hat, den gebieterinnen ihres herzens zu, weshalb denn auch Cervantes seinen Don Quijote (Primera parte, capítulo VIII.) sagen läßt: „La vuestra fermosura, señora mia, puede facer de su persona lo que mas le viniere en talante, porque ya la sobérbia de vuestros robadores yace por el suelo derribada por este mi fuerte brazo. Y porque no peneis por saber el nombre de vuestro libertador, sabed que yo me blamo

Que il vialt, que si .IIII. fil
Et sa fille praignent le nain,
S'aillent a mon seignor Gauvain,
Quant il sauront, qu'il iert venuz,
4270 Et, comant il s'ert contenuz,
Vialt, que il soit dit et conte.
„Que por neant prant sa bonte,
Qui vialt, qu'ele ne soit seue."
Et cil dient: „Ja n'iert teue
4275 Ceste bontez; qu'il n'est pas droiz.
Bien ferons ce, que vos voldroiz;
Mes tant demander vos volons:
Sire, quant devant lui serons,
De cui nos porrons nos loer,
4280 Se nos ne vos savons nomer?"
Et il respont: „Tant li porroiz
Dire, quant devant lui vanroiz,
Que li chevaliers au lyon
Vos dis, que je avoie non,
4285 Et avoec ce prier vos doi,
Que vos li dites de par moi,
Qu'il me conuist bien et je lui,
Et si ne set, qui je me sui.
De rien nule plus ne vos pri;
4290 C'or m'an estuet aler de ci,
Et c'est la riens, qui plus m'esmaie,
Que je ci trop demore n'aie;

*

D. Quijote de la Mancha, caballero andante, y cautivo de la sin par y hermosa Doña Dulcinea del Toboso: y en pago del beneficio que de mí habeis recebido, no quiero otra cosa sino que volvais al Toboso, y que de mi parte os presenteis ante esta señora, y le digais lo que por vuestra libertad he fecho." Man vergl. auch D. Diego Clemencin zu dieser stelle, I. s. 186.

4272. Vergl. oben die anmerkung zu z. 3908.

4281. Et il li respont A. Ich habe li getilgt.

4283. 4284. Man sehe nachher, z. 4603—4607. 4742. 4808. 5813. 5912. 6703. 6704. 6479. 6633. 6703. 6704. Vergl. Crestien von Troies, s. 161. 162, anm. 1.

Car einz, que midis soit passez,
Aurai aillors a feire assez,
4295 Se je i puis venir a ore."
Lors s'en part, que plus n'i demore;
Mes eincois molt prie li ot
Li sires plus bel, que il pot,
Qu'il ses .IIII. filz anmenast;
4300 N'i ot nul, qui ne se penast
De lui servir, se il volsist; Bl. 95 f.
Mes ne li plot, ne ne li sist,
Que nus li feist compaignie;
Seus lor a la place guerpie.

4305 Et maintenant, que il s'an muet,
Tant com chevax porter le puet,
S'an retorne vers la chapele;
Que molt estoit et droite et bele
La voie, et bien la sot tenir.
4310 Mes ainz, que il poist venir
A la chapele, en fu fors treite
La dameisele et la rez feite,

*

4294. So im Roman de Partonopeus de Blois (bei Burguy, Grammaire de la langue d'oïl. II. s. 194):
 z. 6760 Et dist, qu'ele a aillors a faire,
  Et prent congie de sa seror.

4305—4643. Vergl. Hartmann, z. 5145—5563.

4310. Über die episode von der Luneten drohenden gefahr vergl. Crestien von Troies, s. 172.

4312. rez. Vergl. unten, z. 4973. Man sehe J. Grimm, Über das verbrennen der leichen. Berlin. 1850. 4. s. 31. 32. — Man vergl. hierzu ferner folgende stelle aus unseres dichters Erec:
 z. 3320 Mieuz ameroie ie, fusse a nestre
  Ou en un feu d'espine arse,
  Si que la cendre fust esparse,
  Que i'eusse de riens fause
  Uers mon seignor, nes en pense,
  Felonie ne trahison.
Von Fr. Michel, Chronique des ducs de Normandie, par Benoit. III. s. 846, werden folgende beispiele angeführt:

Ou ele devoit estre mise.
Trestote nue en sa chemise
4315 Au feu liee la tenoient
Cil, qui a tort li ametoient
Ce, qu'ele onques panse n'avoit.
Et mes sire Yvains s'an venoit
Au feu, ou an la vialt ruer;
4320 Tot ce li dut forment grever.
Cortois ne sages ne seroit,
Qui de rien nule an doteroit.
Voirs est, que molt li enuia,
Mes boene fiance an lui a,
4325 Que dex et droiz li aideroit,
Qui en sa partie seroit.
En ses aides molt se fie,
Et ses lions nel rehet mie.
Vers là presse toz eslessiez
4330 S'an vet criant: „Lessiez, lessiez
La dameisele, gent malveise!

*

Li rois lor a dit et monstre,
Qu'il veut faire dedenz .i. re
Ardoir son nevo et sa feme.
    Tristan. I. s. 44. z. 845.
La norice Marcomiris
Morut a l'entrer del pais;
Et il le fist ardoir en re
Lonc la costume du regne.
    Partonopeus de Blois. I. s. 13, z. 357.
Destruite sui ou arse en re,
S'il ne vos trueve en son regne.
    Ebendas., II. s. 91, z. 7702.
Man vergl. ferner F. Diez, Etym. wörterb. der roman. sprachen, s. 714. Burguy, Grammaire de la langue d'oïl. III. s. 315. 316.

 4313. Vergl. unten, z. 4974.

 4314. Vergl. unten, z. 4382.

 4321. Vergl. unten, z. 5136. 5959. Man sehe auch Crestien von Troies, s. 229. 230, anmerkung 1.

 4325. 4326. aideront: seront B, bei Guest. I. s. 185[b]. Vergl. F. Diez, Gramm. der roman. sprachen. III. Zweite ausg. s. 287.

N'est droiz, qu'an rez ne an forneise
Soit mise; que forfet nel a."
Et cil tantost que ca que la
4335 Se departent, si li font voie.
Et lui est molt tart, que il voie
Des ialz celi, que ses cuers voit
En quelque leu, qu'ele onques soit;
As ialz la quiert tant, qu'il la trueve,
4340 Et met son cuer an tel espruève,
Qu'il le retient et sil afreinne,
Si com an retient a grant painne
Au fort frain son cheval tirant;
Et neporquant an sopirant
4345 La regarde molt volantiers,   Bl. 96 a.
Mes ne fet mie si antiers
Ses sopirs, que l'an les conuisse,
Einz les retranche a grant angoisse.

*

4336. Vergl. oben, z. 2618. 4187 und die anmerkung zu z. 708. In Crestiens Conte del roi Guillaume d'Engleterre heißt es s. 125:

  Pieca que jou i deusse estre,
  Que molt m'est tart, que jou le voie.

Im Roman de Dolopathos, ausgabe von Ch. Brunet und A. de Montaiglon, liest man s. 36:

 z. 980 Encontre lui chevauchent maint,
  Que moult lor est tart, k'il le voient.

Man vergl. auch E. Gachet, Glossaire zu: Le chevalier au cygne et Godefroid de Bouillon. Bruxelles. 1859. 4. s. 992. 993: Tart.

4337. Seine gattin. — Vergl. C. Sachs, Mitteilungen aus handschriften, in: L. Herrigs Archiv für das studium der neueren sprachen und litteraturen. XXI. Braunschweig. 1857. 8. s. 263. Im Roman de Dolopathos heißt es s. 76:

 z. 2161 Des eulz del' cuer veoir vos doi,
  Se des eulz del' front ne vos voi;
  Cil ki bien ainme loiaument,
  N'oblie pas legierement.

Man vergleiche auch noch folgende stelle aus Rutebeuf. I. s. 245 (bei Burguy, Grammaire de la langue d'oïl. II. s. 385):

  Des yex dou cuer ne veons gote,
  Ne que la taupe soz la mote.

Et de ce granz pitïez li prant,
4350 Qu'il ot et voit et si antant
Les povres dames, qui feisoient
Estrange duel et si disoient:
„Ha! dex, con nos as obliees!
Com remmerons or esgarees,
4355 Qui perdromes si boene amie
Et tel consoil et tele aie,
Qui a la cort por nos estoit!
Par son consoil nos revestoit
Ma dame de ses robes veires.
4360 Molt nos changera li afeires;
Qu'il n'est mes, qui por nos parost.
Mal ait de deu, qui la nos tost!
Mal ait, par cui nos la perdrons;
Que trop grant domage i aurons!
4365 N'iert mes, qui die ne qui lot:
„ „Et cest mantel et cest sorcot
Et ceste cote, chiere dame,
Donez a ceste franche fame!
Que, voir, se vos l'i envoiez,
4370 Molt i sera bien anploiez,
Et ele en a molt grant sofreite." "
Ja de ce n'iert parole feite;
Que nus n'est mes frans ne cortois,
Einz demande chascuns eincois
4375 Por lui, que por autrui ne fait,
Sanz ce, que nul mestier en ait."
Ensi se demantoient celes;
Et mes sire Yvains ert antr' eles,
S'ot bien oies lor complaintes,
4380 Qui n'estoient fauses ne faintes,
Et vit Lunete agenoilliee,
En sa chemise, despoilliee;
Et sa confesse avoit ja prise,

*

4377. Vergl. oben, z. 3555.
4382. Vergl. oben, z. 4314.

A deu de ses pechiez requise
4385 Merci et sa corpe clamee;
Et cil, qui molt l'avoit amee,
Vient vers li, si l'enlieve amont
Et dit: „Ma dameisele, ou sont
Cil, qui vos blasment et ancusent? Bl. 96 ᵇ.
4390 Tot maintenant, s'il nel refusent,
Lor iert la bataille arramie."
Et cele, qui nel avoit mie
Encor veu ne regarde,
Li dit: „Sire, de la part de
4395 Vaigniez vos a mon grant besoing!
Cil, qui portent le faus tesmoing
Vers moi, sont ci tuit apreste;
S'un po eussiez plus este,
Par tans fusse charbons et cendre.
4400 Venuz estes por moi desfandre,
Et dex le pooir vos an doint,
Ensi com je de tort n'ai point
Del blasme, dont je sui retee!"
Ceste parole ot escoutee
4405 Li seneschax, il et ses frere.
„Ha!" dist il, „fame, chose avere
De voir dire et de mantir large!
Molt est po sages, qui encharge
Por ta parole si grant fes.
4410 Molt est li chevaliers malves,
Qui venuz est morir por toi;
Qu'il est seus et nos somes troi.
Mes je li lo, qu'il s'an retort
Eincois, que a noauz li tort."
4415 Et cil respont, cui molt enuie:
„Qui peor aura, si s'anfuie!
Ne criem pas tant voz trois escuz,
Que sanz cop m'en aille veincuz.

*

4399. Par els B, bei Guest. I. s. 186ᵃ.
4406. Vergl. oben die anmerkung zu z. 1224.

Molt feroie ore qu'afeitiez,
4420 Se je toz sains et toz heitiez
La place et le chanp vos lessoie!
Ja tant, come vis et sains soie,
Ne m'anfuirai por tel menaces.
Mes je te consoil, que tu faces
4425 La dameisele clamer quite,
Que tu as a grant tort sordite;
Qu'ele le dit, et jel en croi.
Si m'an a plevie sa foi
Et dit sor le peril de s'ame,
4430 C'onques traison vers sa dame
Ne fist, ne dist, ne ne pansa.
Bien croi quanqu'ele dit m'en a.
Si la desfandrai, se je puis; — Bl. 96 c.
Que son droit en m'aie truis.
4435 Et qui le voir dire an voldroit,
Dex se retint devers le droit,
Et dex et droiz a un san tienent;
Et quant il devers moi s'an vienent,
Dons ai ge meillor compaingnie,
4440 Que tu n'as, et meillor aie."
Et cil respont molt folemant,
Que il met an son nuisemant
Trestot quanque lui plest et siet;
Mes que li lyons ne lor griet.
4445 Et cil dit, c'onques son lyon
N'i amena por champion,
N'autrui que lui metre n'i quiert;
Mes se ses lyons les requiert,

*

4436. 4437. In B lauten diese zeilen nach Guest. I. s. 186 b:
Dex le retient deuers le droit
Et dex et droit a .i. se tient.
Man vergleiche folgende stelle des Romans de Dolopathos, ausgabe von Ch. Brunet und A. de Montaiglon, s. 399:
Dex heit pechiet et mal et vice,
Mais il ainme droit et jostice.

Si se desfandent vers lui bien;
4450 Qu'il nes en afie de rien.
Cil responent: „Que que tu dies,
Se tu ton lyon ne chasties
Et se nel fez an pes ester,
Donc n'as tu ci que demorer;
4455 Mes reva t'an, si feras san!
Que par tot cest pais set an,
Comant ele trai sa dame;
S'est droiz, que an feu et en flame
L'en soit randue la merite."
4460 „Ne place le saint esperite!"
Fet cil, qui bien an set le voir,
„Ja dex ne m'an doint removoir,
Tant que je delivree l'aie!"
Lors dit au lyon, qu'il se traie
4465 Arrieres et toz coiz se gise,
Et cil le fet a sa devise.
Li lyons s'est arrieres trez.
Tantost la parole et li plez
Remest d'aus .II.; si s'antresloingnent,
4470 Li troi ansanble vers lui poingnent,
Et il vint encontre aus le pas,
Qui desreer ne se vost pas
As premiers cos ne angoissier.
Lor lances lor lesse froissier
4475 Et il retient la soe sainne;
De son escu lor fet quintainne,
Si a chascuns sa lance freite. Bl. 96 d.
Et il a une pointe feite
Tant, que d'ax .I. arpant s'esloingne,
4480 Mes tost revint a la besoingne;

*

4455. Vergl. oben, z. 3057.
4460. Vergl. oben, z. 273; unten, z. 4984. 5448. 6784.
4464. 4465. 4467. Vergl. nachher, z. 6144.
4475. Vergl. oben, z. 531.
4480. 4481. Vergl. die ähnliche stelle oben, z. 3214. 3215.

Qu'il n'a cure de lonc sejor.
Le seneschal an son retor
Devant ses .II. freres ataint,
Sa lence sor le cors li fraint,
4485 .I. cop li a done si buen,
Quel porte a terre maugre suen;
Une grant piece estanduz jut,
C'onques nule riens ne li nut;
Et li autre dui sus li vienent;
4490 As espees, que nues tienent,
Li donent granz cos anbedui,
Mes plus granz recoivent de lui;
Que de ses cos valt li uns seus
Des lor toz a mesure deus.
4495 Si se desfant vers ax si bien,
Que de son droit n'enportent rien,
Tant que li seneschax relieve,
Qui de tot son pooir li grieve,
Et li autre avoec lui s'an painnent,
4500 Tant qu'il le grievent et sormainnent.
Et li lyons, qui ce esgarde,
De lui aidier plus ne se tarde;
Que mestiers li est, ce li sanble.
Et totes les dames ansanble,
4505 Qui la dameisele molt aimment,
Dame deu molt sovant reclaimment
Et si li prient de boen cuer,
Que sofrir ne vuelle a nul fuer,
Que cil i soit morz ne conquis,
4510 Qui por li s'est an painne mis;
De priere aide li font
Les dames; qu'autres bastons n'ont.
Et li lyons li fet aie
Tel, qu'a la premiere envaie
4515 A de si grant air feru

*

4509. Vergl. unten, z. 5497.

Le seneschal, qui a pie fu,
Qu'ausi, com se ce fussent pailles,
Fet del hauberc voler les mailles
Et contreval si fort le sache,
4520 Que de l'espaule li arache
Le braon atot le coste; Bl. 96 e.
Quanqu'il ateint, l'en a oste
Si, que les antrailles li perent.
Ce cop li autre dui comperent,
4525 Or sont el chanp tot per a per.
De la mort ne puet eschaper
Li seneschax, qui se tooille
Et devulte an l'onde vermoille
Del sanc, qui de son cors li saut.
4530 Li lyons les autres asaut;
Qu'arrieres nel en puet chacier
Por ferir ne por menacier
Mes sire Yvains en nule guise,
Si a il molt grant poinne mise;
4535 Mes li lyons sanz dote set,
Que ses sires mie ne het
S'aie, eincois l'en ainme plus.
Si lor passe fierement sus,
Tant que cil de ses cos se plaignent
4540 Et lui reblescent et mahaignent.
Quant mes sire Yvains voit blecie
Son lyon, molt a correcie

*

4517. Ausi A. Q'ausint com ce fussent pailles B, bei Guest. I. s. 187 b.

4518. Vergl. oben, z. 841.

4519. Vergl. unten, z. 5626. 5627.

4521. Le tanrun A. Ich habe dafür braon, das in ähnlichem zusammenhange oben, z. 4218, vorkam, in den text gesetzt. — In B lautet diese zeile nach Guest. I. s. 187b: Le braz a trestout le coste.

4525. Vergl. oben, z. 3277.

4527. 4528. Vergl. oben, z. 1187. 1188.

Le cuer del vantre et n'a pas tort,
Mes del vangier se poinne fort:
4545 Si lor vet si estoutemant,
Que il les mainne si vilmant,
Que vers lui point ne se desfandent
Et que a sa merci se randent
Par l'aide, que li a feite
4550 Li lions, qui molt se desheite;
Que bien devoit estre esmaiez,
Car an .II. leus estoit plaiez.
Et d'autre part mes sire Yvains
Ne restoit mie trestoz sains,
4555 Einz avoit el cors mainte plaie,
Mes de ce pas tant ne s'esmaie
Con de son lyon, qui se dialt.

Or a tot ensi, com il vialt,
Sa dameisele delivree;
4560 Et s'iror li a pardonee
La dame trestot de son gre;
Et cil furent ars an la re, Bl. 96 f.
Qui por li ardoir fu esprise;
Que ce est reisons de justise,
4565 Que cil, qui autrui juge a tort,
Doit de celui meismes mort
Morir, que il li a jugiee.
Or est Lunete baude et liee,

*

4543. Vergl. oben, z. 3154. 4038. — tor A. Ich habe tort in den text gesetzt, wie auch B hat.

4562. Vergl. die anm. zu z. 4312.

4563. Vergl. unten, z. 4973.

4564—4567. Ähnlich heißt es im Roman de Dolopathos (ausgabe von Ch. Brunet und A. de Montaiglon, s. 63):

z. 1789 En nul senz n'en nule maniere
N'est nule lois si droituriere
Que ce ke l'ome morir face
De tel mort comme autrui porchasse.

4568. baude et liee. Über die häufige verbindung dieser bei-

Qant a sa dame est acordee.
4570 Si ont tel joie demenee,
Qu'ainz nule gent si grant ne firent;
Et tuit a lor seignor ofrirent
Lor servise, si com il durent,
Sanz ce que il ne le conurent;
4575 Neis la dame, qui avoit
Son cuer et si ne le savoit,
Li pria molt, qu'il li pleust
A sejorner, tant qu'il eust
Respasse son lyon et lui.
4580 Et il dit: „Dame, ce n'iert hui,
Que je me remaingne an cest point,
Tant que ma dame me pardoint
Son mautalant et son corroz;
Lors finera mes travauz toz."
4585 „Certes", fet ele, „ce me poise,
Ne tieng mie por tres cortoise
La dame, qui mal cuer vos porte,
Ne deust pas veher sa porte
A chevalier de vostre pris,
4590 Se trop n'eust vers li mespris."
„Dame", fet il, „que qu'il me griet,
Trestot me plest ce, que li siet,
Mes ne m'an metez pas an plet!
Que l'acoison et le forfet
4595 Ne diroie por nule rien,
Se cez non, qui le sevent bien."
„Set le donc nus, se vos dui non?"
„Oil, voir, dame." „Et vostre non,
Se vos plest, biax sire, nos dites!
4600 Puis si vos en iroiz toz quites."
„Toz quites, dame? Nel feroie;

*

den adjective s. E. Mätzner, Altfranzösische lieder, s. 257; man
vergl. auch Burguy, Grammaire de la langue d'oïl. II. s. 285.
4575. 4576. Vergl. oben, z. 2639—2646.

Plus doi, que randre ne porroie;
Neporquant ne vos doi celer,
Comant je me faz apeler:
4605 Ja del chevalier au lyon
N'orroiz parler, se de moi non, Bl. 97ᵃ.
Par cest non vuel, que l'en m'apiaut."
„Por deu, biax sire, ce qu'espiaut,
Que onques mes ne vos veismes
4610 Ne vostre non nomer n'oismes?"
„Dame, par ce savoir poez,
Que ne sui gueres renomez."
Lors dit la dame de rechief:
„Encor, s'il ne vos estoit grief,
4615 De remenoir vos prieroie."
„Certes, dame, je nel feroie,
Tant que certement seusse,
Que le boen cuer ma dame eusse."
„Or alez donc a deu, biaus sire,
4620 Qui vostre pesance et vostre ire
Se lui plest, vos atort a joie!"
„Dame", fet il, „dex vos en oie!"
Puis dist antre ses danz soef:
„Dame, vos enportez la clef
4625 Et la serre et l'escrin avez,
Ou ma joie est, si nel savez."
Atant s'an part a grant angoisse.
Se n'i a nul, qui le conoisse
Fors que Lunete seulemant,
4630 Qui le convea longuemant.
Lunete seule le convoie,
Et il li prie tote voie,
Que ja par li ne soit seu,
Quel chanpion ele ot eu.

*

4605. 4606. Vergl. die anmerkung zu z. 4283. 4284.

4628—4631. Vergl. unten, z. 4965. 4966. 4979. — Ne n'i B, bei Guest. I. s. 189ᵃ.

4632—4634. Vergl. oben, z. 3720—3723.

4635 „Sire", fet ele, „non iert il."
Apres ce li repria cil,
Que de lui li resovenist
Et vers sa dame li tenist
Boen leu, s'ele venoit en eise.
4640 Et cele dit, que il s'an teise,
Qu'ele ne n'iert ja oblieuse,
Ne recreanz ne pereceuse;
Et cil l'en mercie .c. foiz.

Si s'an vet pansis et destroiz
4645 Por son lyon, qu'il li estuet
Porter; que siudre ne le puet.
En son escu li fet litiere
De la mosse et de la fouchiere.
Qant il li ot feite sa couche,
4650 Au plus soef, qu'il puet, le couche; Bl. 97ᵇ.
Sil enporte tot estandu
Dedanz l'envers de son escu.
Ensi an son escu l'enporte,
Tant que il vint devant la porte
4655 D'une meison molt fort et bele.
Ferme la trueve, si apele,
Et li portiers overte l'a
Si tost, c'onques n'i apela
.I. mot apres le premerain.
4660 A la resne li tant la main,
Si li dit: „Biax sire, an presant
L'ostel mon seignor vos presant,
Se il vos i plest a descendre."
„Ce presant", fet il, „vuel je prendre;
4665 Que je en ai molt grant mestier,
Et si est tans de herbergier."
Atant a la porte passee
Et voit la mesniee amassee,
Qui tuit a l'encontre li vont.

*

4644. Vergl. oben, z. 678.
4644—5098. Vergl. Hartmann, z. 5564—6075.

4670 Salue et descendu l'ont,
Li un metent sor .I. perron
Son escu atot le lyon,
Et li autre ont son cheval pris,
Sil ont en une estable mis.
4675 Li escuier, si com il doivent,
Ses armes pranent et recoivent.
Qant li sires la novele ot,
Tot maintenant, que il le sot,
Vient an la cort, si le salue,
4680 Et la dame est apres venue
Et si fil et ses filles totes;
D'autres genz i ot molt granz rotes.
Si le herbergent a grant joie,
Mis l'ont en une chanbre coie,
4685 Por ce que malade le truevent;
Et de ce molt bien se repruevent,
Que son lyon avoec lui metent.
Et de lui garir s'antremetent
.II. puceles, qui molt savoient
4690 De mecines et si estoient
Filles au seignor de leanz.
Jorz i sejorna, ne sai quanz,
Tant que il et ses lyons furent
Gari et que raler s'an durent. Bl. 97 c.

4695 Mes dedanz ce fu avenu,
Que a la Mort ot plet tenu
Li sires de la Noire espine,

*

4686. Et de ce molt tres bien se penent B, nach Guest. I. s. 189 b.

4688—4690. Vergl. J. Ritson, Ancient engleish metrical romanceës. III. s. 241. J. Grimm, Deutsche myth. II. s. 1102. K. Weinhold, Die deutschen frauen in dem mittelalter. Wien. 1851. 8. s. 65.

4696. Vergleiche J. Grimm, Deutsche mythologie. II. s. 802. 806, anmerk. 3.

4697. Vergl. Crestien von Troies, s. 165, anm. 1. — Im engli-

Si prist a lui tel anhatine
La Morz, que morir li covint.
4700 Apres sa mort ensi avint
De .II. filles, que il avoit,
Que l'ainznee dist, qu'ele auroit
Trestote la terre a delivre
Toz les jorz, qu'ele auroit a vivre,
4705 Que ja sa suer n'i partiroit;
Et l'autre dist, que ele iroit
A la cort le roi Artus querre
Aide a desresnier sa terre.
Et quant l'autre vit, que sa suer
4710 Ne li sosferroit a nul fuer
Tote la terre sanz tançon,
S'an fu en molt grant cusançon
Et dist, que se ele pooit,
Eincois de li a cort vauroit.
4715 Tantost s'aparoille et atorne,
Ne demore, ne ne sejorne,
Einz erra, tant qu'a la cort vint.
Et l'autre apres sa voie tint
Et, quanqu'ele pot, se hasta,
4720 Mes sa voie et ses pas gasta;

*

schen Ywaine and Gawin, bei Ritson. I. s. 115, wird der herr vom Schwarzen dorne nicht mit diesem namen bezeichnet; es heißt nur:

z. 2743 Bot, whils he sojorned in that place,
In that land byfel this case:
A litil thethin in a stede
A grete lord of the land was ded,
Lifand he had none other ayr
Bot two doghters that war ful fayr.

4698. Vielleicht ist aatine zu lesen.

4699. Für le, wie A und B (nach Guest. I. s. 190 a) haben, habe ich li in den text gesetzt.

4700—4705. Vergleiche J. Grimm, Deutsche rechtsaltertümer, s. 475, anm. 2.

4707. Vergl. oben, z. 3685. 3899.

Que la premiere avoit ja fet
A mon seignor Gauvain son plet,
Et il li avoit otroie
Quanqu'ele li avoit proie.
4725 Mes tel covant entr'ax avoit,
Que, se nus par li le savoit,
Ja puis ne s'armeroit por li,
Et ele l'otroia ensi.
Atant vint l'autre suer a cort,
4730 Afublee d'un mantel cort
D'escarlate forre d'ermine.
S'avoit tierz jor, que la reine
Ert de la prison revenue,
Ou Meleaganz l'a tenue,
4735 Et trestuit li autre prison,
Et Lanceloz par traison
Estoit remes dedanz la tor;
Et an celui meisme jor,   Bl. 97 d.
Que a la cort vint la pucele,
4740 I fu venue la novele
Del jaiant cruel et felon,
Que li chevaliers au lyon
Avoit an bataille tue.
De par lui orent salue
4745 Mon seignor Gauvain si neveu;
Le grant servise et le grant preu,
Que il lor avoit por lui fet,
Li a tot sa niece retret
Et dist, que bien le conuissoit,
4750 Ne ne savoit, qui il estoit.
Ceste parole ot entandue

*

4730. Vergl. oben, z. 230.

4731. Vergl. die anmerkung zu z. 231.

4732—4737. Vergl. die anmerkung zu z. 3698. — Z. 4737 steht in A doppelt.

4738. meismes A.

4744—4750. Vergl. oben, z. 4265—4288.

Cele, qui molt ert esperdue
Et trespansee et esbahie;
Que nul consoil, ne nule aie
4755 A la cort trover ne cuidoit,
Puis que li miaudres li failloit;
Qu'ele avoit en mainte meniere
Et par amor et par proiere
Essaie mon seignor Gauvain,
4760 Et il li dist: „Amie, anvain
Me priez, que je nel puis feire;
Que j'ai anpris .I. autre afeire,
Que je ne lesseroie pas."
Et la pucele en es le pas
4765 S'an part et vient devant le roi.
„Rois," fet ele, „je vieng a toi
Et a ta cort querre consoil,
Ne n'i truis point, si m'an mervoil,
Qant je consoil n'i puis avoir;
4770 Mes ne feroie pas savoir,
Se je sanz congie m'an aloie;
Et sache ma suer tote voie,
Qu'avoir porroit ele del mien
Par amor, s'ele voloit bien;
4775 Mes ja par force, que je puisse,
Por qu'aie ne consoil truisse,
Ne li leirai mon heritage."
„Vos dites," fet li rois, „que sage;
Et demantres que ele est ci,
4780 Je li consoil et lo et pri,
Qu'ele vos lest vostre droiture."   Bl. 97 e.
Et cele, qui estoit seure
Del meillor chevalier del monde,
Respont: „Sire, dex me confonde,

*

4771. sanz conseil B, nach Guest. I. s. 190 b.
4774. amors A.
4776. Por ce que je aie truisse B, nach Guest.
4783. Vergl. oben, z. 2400—2408.

4785 Se ja de ma terre li part
Chastel, ne vile, ne essart,
Ne bois, ne plain, ne autre chose!
Mes se uns chevaliers s'en ose
Por li armer, qui que il soit,
4790 Qui voelle desresnier son droit,
Si veingne trestot maintenant."
„Ne 'li ofrez mie avenant,"
Fet li rois, „que plus i estuet,
S'ele plus porchacier se puet
4795 Au moins jusqu'a .xiiii. jorz
Au jugement de totes corz."
Et cele dit: „Biax sire rois,
Vos poez establir voz lois
Tex, com vos plest et boen vos iert,
4800 N'a moi n'ateint, n'a moi n'afiert,
Que je desdire vos an doive;
Si me covient, que je recoive
Le respit, s'ele le requiert."
Et cele dit, qu'el le requiert
4805 Et si le desirre et demande.
Tantost le roi a deu comande.
Ne finera par tote terre
Del chevalier au lyon querre,
Qui met sa poinne a conseillier
4810 Celes, qui d'aie ont mestier.
Ensi est an la queste antree
Et trespasse mainte contree,
C'onques noveles n'en aprist,
Don tel duel ot, que max l'en prist.
4815 Mes de ce molt bien li avint,

*

4794. 4795 lauten in B, nach Guest. I. s. 191ᵃ:
Que sel uelt porchacier se puet
Au meins iusqua xl iors.

4803. 4804. Vergl. W. Grimm, Zur geschichte des reims. Berlin. 1852. 4. s. 176.

4815. Vergl. oben, z. 936.

Que chies .I. suen acointe vint,
Dom ele estoit acointe moult.
S'aparcut l'en bien a son vout,
Que ele n'estoit mie sainne.
4820 A li retenir mistrent painne,
Tant que son afeire lor dist.
Et une autre pucele anprist
La voie, qu'ele avoit anprise;
Por li s'est an la queste mise.
4825 Ensi remest cele a sejor, Bl. 97ᶠ.
Et l'autre erra au lonc del jor
Tote seule grant aleure,
Tant que vint a la nuit oscure.
Si li enuia molt la nuiz,
4830 Et de ce dobla li enuiz,
Qu'il plovoit a si grant desroi,
Com dame dex avoit de coi,
Et fu el bois molt an parfont;
Et la nuiz et li bois li font
4835 Grant enui, et plus li enuie,
Que la nuiz, ne li bois, la pluie;
Et li chemins estoit si max,
Que sovant estoit ses chevax
Jusque pres des cengles en tai.
4840 Si pooit estre an grant esmai
Pucele an bois et sanz conduit
Par mal tans et par noire nuit,
Si noire, qu'ele ne veoit
Le cheval, sor qu'ele seoit.
4845 Et por ce reclamoit ades
Deu avant et sa mere apres
Et puis toz sainz et totes saintes
Et dist la nuit orisons maintes,
Que dex a ostel la menast
4850 Et fors de ce bois la gitast.

*

4817. Ou ele estoit amee molt B, nach Guest. I. s. 191 ᵃ.

Si cria, tant que ele oi
.I. cor, don molt se resjoi;
Qu'ele cuide, que ele truisse
Ostel, mes que venir i puisse.
4855 Si s'est vers la voiz adreciee,
Tant qu'ele antre en une chauciee,
Et la chauciee droit l'enmainne
Vers le cor, dom ele ot l'alainne;
Que par trois foiz molt longuemant
4860 Sona li corz et hautemant.
Et ele erra droit a la voiz,
Tant qu'ele vint a une croiz,
Qui sor la chauciee ert a destre;
Iluec pansoit, que poist estre
4865 Li corz et cil, qui l'a sone.
Cele part a esperone,
Tant qu'ele aprocha vers .I. pont
Et vit d'un chastelet reont
Les murs blans et la barbaquane. Bl. 98ᵃ·
4870 Einsi par aventure asane
Au chastel, ensi asena
Par la voiz, qui l'i amena;
La voiz del cor l'i a atrete,
Que sone avoit une guete,
4875 Qui sor les murs montee estoit.
Tantost com la guete la voit,
Si la salue et puis descent
Et la clef de la porte prent,
Si li oevre et dit: „Bien veigniez,
4880 Pucele, qui que vos soiez!
Anquenuit auroiz boen ostel."
„Je ne demant enuit mes el,"
Fet la pucele, et il l'enmainne.

*

4851. pria B, nach Guest. I. s. 191ᵇ·
4854. Ostel ou ele uenir puisse B, nach Guest.
4860. corz steht in A doppelt.
4869. barbaquene: assene B, nach Guest. I. s. 192ᵃ·

Apres le travail et la painne,
4885 Que ele avoit le jor eue,
Si est a l'ostel bien venue;
Que molt i est bien aeisiee.
Apres soper l'a aresniee
Ses ostes et si li anquiert,
4890 Ou ele va et qu'ele quiert.
Et cele li respont adonques:
„Je quier ce, que je ne vi onques
Mien esciant, ne ne quenui;
Mes .I. lyon a avoec lui,
4895 Et an me dit, se je le truis,
Que an lui molt fier me puis."
„Gie," fet cil, „l'en report tesmoing;
Que a .I. mien molt grant besoing
Le m'amena dex avant ier.
4900 Beneoit soient li santier,
Par ou il vint a mon ostel!
Car d'un mien anemi mortel
Me vencha, don si lie me fist;
Que, tot veant mes ialz, l'ocist
4905 A cele porte la defors.
Demain porroiz veoir le cors
D'un grant jaiant, que il tua
Si tost, que gueres n'i sua."
„Por deu, sire," dit la pucele,
4910 „Car me dites voire novele,
Se vos savez, ou il torna,
Et s'il en nul leu sejorna!"
„Je non," fet il, „se dex me voie! Bl. 98ᵇ.
Mes bien vos metrai an la voie
4915 Demain, par ou il s'en ala."
„Et dex," fet ele, „me maint la,

*

4908. Vergl. unten, z. 5607.
4910. Vergl. die anmerkung zu z. 326.
4913. Vergl. oben, z. 1560.

Ou je voire novele en oie!
Car, se jel truis, molt aurai joie."
Ensi molt longuement parlerent,
4920 Tant qu'an la fin couchier alerent.
Qant vint, que l'aube fu crevée,
La dameiseile fu levee,
Qui an molt grant espans estoit
De trover ce, qu'ele queroit;
4925 Et li sires de la meison
Se lieve et tuit si compaignon,
Si la metent el droit chemin
Vers la fontainne soz le pin.
Et ele del errer esploite
4930 Vers le chastel la voie droite,
Tant qu'ele vint et demanda
As premerains, qu'ele trova,
S'il li savoient anseignier
Le lyon et le chevalier,
4935 Qui entraconpaingnie s'estoient.
Et cil dient, qu'il l'or avoient
Veuz .III. chevaliers conquerre
Droit an cele piece de terre.
Et cele dit en es le pas:
4940 „Por deu, ne me celez vos pas,
Des que vos tant dit m'an avez,
Se vos plus dire m'an savez!"
„Nenil", font il, „nos n'en savons
Fors tant, com dit vos en avons;
4945 Ne nos ne savons, qu'il devint.
Se cele, por cui il ca vint,
Noveles ne vos an enseigne,

*

4921. Vergl. J. Grimm, Deutsche mythologie. II. s. 708.
In Crestiens Roman del chevalier de la charrete (ausgabe von Jonckbloet, s. 65) heißt es:
    z. 1281 Tot maintenant que l'aube crieve,
              Isnelement et tost se lieve.
4937. Vergl. oben, z. 4412.

N'iert nus, qui les vos en apreigne;
Et se a li volez parler,
4950 Ne vos covient aillors aler;
Qu'ele est alee an ce mostier
Por messe oir et deu proier,
Et si i a tant demore,
Qu'asez i puet avoir ore."
4955 Que qu'il l'aparloient ensi,
Lunete del mostier issi.
Si li dient: „Veez la la!" Bl. 98ᶜ.
Et cele ancontre li ala,
Si se sont antresaluees.
4960 Tantost a cele demandees
Les noveles, qu'ele queroit.
Et cele dit, qu'ele feroit
.I. suen palefroi anseler;
Car avoec li voldroit aler,
4965 Si l'anmanroit vers .I. plessie,
Ou ele l'avoit convoie;
Et cele de cuer l'en mercie.
Li palefroiz ne tarda mie,
En li amainne et ele monte.
4970 Lunete an chevalchant li conte,
Comant ele fu ancusee
Et de traison apelee
Et comant la rez fu esprise,
Ou ele devoit estre mise,
4975 Et comant cil li vint eidier,
Quant ele en ot plus grant mestier.
Ensi parlant la convea,
Tant qu'au droit chemin l'avea,
Ou mes sire Yvains l'ot lessiee.

*

4952. Vergl. die anmerkung zu z. 2150.
4970—4976. Vergl. oben, z. 4305—4559.
4973. 4974. Vergl. oben, z. 4312. 4313. 4563.
4979. 4980. lessiee: conuoie B, nach Guest. I. s. 193ᵃ. Vergl. oben, z. 4628—4631.

4980 Quant jusque la l'ot convoiee,
Si li dist: „Cest chemin tanroiz,
Tant que en aucun leu vanroiz,
Ou novele vos en iert dite,
Se deu plest et saint esperite,
4985 Plus voire, que je nel en sai.
Bien m'an sovient, que jel lessai
Bien pres de ci, ou ci meismes;
Ne puis ne nos antreveismes,
Ne je ne sai, qu'il a puis fet;
4990 Que grant mestier eust d'antret,
Qant il se departi de moi.
Par ci apres lui vos envoi,
Et dex le vos doint trover sain,
S'il li plest, ainz hui, que demain!
4995 Or alez! A deu vos comant;
Que je ne vos os siudre avant,
Que ma dame a moi ne s'iresse."
Maintenant l'une l'autre lesse,
L'une retorne et l'autre en va
5000 Et vet, tant que ele trova
La meison, ou mes sire Yvains   Bl. 98 d.
Ot este, tant que toz fu sains,
Et vit devant la porte genz,
Dames, chevaliers et sergenz
5005 Et le seignor de la meison.
Sel salue et met a reison,
S'il sevent, que il li apreingnent
Noveles et qu'il li anseingnent
.I. chevalier, que ele quiert.
5010 „De tel meniere est, que ja n'iert
Sanz .I. lyeon, ce oi dire."

*

4984. Vergl. oben, z. 273. 4460; unten, z. 5448. 6784.
5004. Vergl. oben, z. 3797.
5010. Vergl. die anmerkung zu z. 3908.
5011. cei oi A. cai oi B, nach Guest. I. s. 193 b. Man vergl.
übrigens Burguy, Grammaire de la langue d'oïl. I. s. 157. 158.

„Par foi, pucele", fet li sire,
„Il parti orendroit de nos,
Encor ancui l'ateindroiz vos,
5015 Se ses escloz savez garder,
Mes gardez vos de trop tarder!"
„Sire", fet ele, „dex m'an gart!
Mes or me dites, de quel part
Je le siue." Et cil le li dient:
5020 „Par ci tot droit." Et si li prient,
Qu'ele de par ax le salut,
Mes ce gueres ne lor valut;
Qu'ele onques ne s'an entremist.
Mes lors es granz galoz se mist;
5025 Que l'anbleure li sanbloit
Estre petite, et si anbloit
Ses palefroiz de grant eslais.
Ausi galope par les tais
Com par la voie igal et plainne,
5030 Tant qu'ele voit celui, qui mainne
Le lyeon an sa compaingnie.
Lors fet joie et dit: „Dex aie!
Or voi ce, que tant ai chacie;
Molt l'ai bien seu et tracie,
5035 Mes se jel chaz et jel ataing,
Que me valdra, se je nel praing?
Par ci s'an vet, voire par foi!
S'il ne s'an vient ansanble o moi,
Donc ai ge ma poinne gastee."
5040 Ensi parlant s'est tant hastee,
Que toz ses palefroiz tressue;
Si s'areste et si le salue.
Et cil li respondi molt tost:

*

5027. Statt eslais steht in A bloß es. B. hat (nach Guest)
eslais.

5028. le A.

5041. Que touz B, nach Guest. I. s. 194ᵃ. Trestoz A. Que
fehlt A.

„Dex vos saut, bele, et si vos ost
5045 De cusancon et de pesance!" Bl. 98ᵉ.
„Et vos, sire, ou j'ai esperance,
Que bien m'an porriez oster!"
Lors se va lez lui acoster
Et dit: „Sire, je vos ai quis.
5050 Li granz renons de vostre pris
M'a molt fet apres vos lasser
Et mainte contree passer.
Tant vos ai quis, la deu merci,
Qu'asanblee sui a vos ci,
5055 Et se ge nul mal i ai tret,
De rien nule ne m'an deshet,
Ne ne m'an pleing ne ne m'an menbre.
Tuit me sont alegie li manbre;
Que la dolors m'an fu anblee,
5060 T'antost qu'a vos fui asanblee.
Si n'est pas la besoingne moie,
Miaudre de moi a vos m'anvoie,
Plus gentix fame et plus vaillanz;
Mes se ele est a vos faillanz,
5065 Donc l'a vostre renons traie;
Qu'ele n'atant secors n'aie
Fors que de vos. La dameisele
De bien desresnier sa querele,
C'une soe suer desherete,
5070 Ne quiert, qu'autres s'an entremete,
N'an ne li puet feire cuidier,
Que autres l'an poist eidier.
Et sachiez bien trestot de voir,
Se le pris an poez avoir,
5075 S'auroiz conquise et rachetee
L'enor a la desheritee
Et creu vostre vaselage
Por desresnier son heritage.
Ele meismes vos queroit
5080 Por le bien, qu'ele i esperoit,
Ne ja autre ni fust venue,

Mes uns forz max l'a detenue
Tex, que par force au lit la trest.
Or m'an responez, s'il vos plest,
5085 Se vos venir i oseroiz,
Ou se vos vos reposeroiz!"
„N'ai soing", fet il, „de reposer,
Ne s'en puet nus hom aloser,
Ne je ne reposerai mie, Bl. 98 f.
5090 Einz vos siudrai, ma dolce amie,
Volantiers la, ou vos pleira;
Et se de moi grant afeire a
Cele, por cui vos me querez,
Ja ne vos an desesperez,
5095 Que je tot mon pooir nen face.
Or me doint dex et cuer et grace,
Que je par sa boene aventure
Puisse desresnier sa droiture!"

Ensi entr'aus .II. chevalchierent
5100 Parlant, tant que il aprochierent
Le chastel de pesme aventure.
De passer oltre n'orent cure;
Que li jorz aloit declinant.
Ce chastel vienent aprismant,
5105 Et les genz, qui venir les voient,
Trestuit au chevalier disoient:
„Mal veigniez, sire, mal veigniez!
Cist ostex vos fu anseigniez

*

5096. Or m'en doint dex euer et grace B, nach Guest. I. s. 194 b.

5099—5103. Im englischen Ywaine and Gawin, bei Ritson. I. s. 123, heißt es:

z. 2931 Thus thair wai forth gan thai hald,
Until a kastel, that was cald
The castel of the hevy sorow,
Thar wald he bide until the morow,
Thar to habide him thoght it best,
For the son drogh fast to rest.

5099—5169. Vergl. Hartmann, z. 6076—6163.

Por mal et por honte andurer,
5110 Ce porroit uns abes jurer."
„Ha!" fet il, „gent fole et vilainne,
Gent de tote malvestie plainne,
Qui a toz biens avez failli,
Por coi m'avez si asailli?"
5115 „Por coi? Vos le sauroiz assez,
S'ancore .I. po avant passez;
Mes nule rien ja n'en sauroiz,
Jusque tant que este auroiz
An cele haute forteresce."
5120 Tantost mes sire Yvains s'adresce
Vers la tor, et les genz l'escrient,
Trestuit a haute voiz li dient:
„Hu! hu! maleureus, ou vas?
S'onques en ta vie trovas,
5125 Qui te feist honte ne let,
La, ou tu vas, t'an iert tant fet,
Que ja par toi n'iert reconte."
„Gent sanz enor et sanz bonte,"
Fet mes sire Yvains, qui escoute,
5130 „Gent enuieuse, gent estoute,
Por coi m'asauz, por coi m'aquiaus,
Que me demandes, que me viaus,
Qui si apres moi te degroces?"   Bl. 99a.
„Amis, de neant te corroces",
5135 Fist une dame auques d'aage,
Qui molt estoit cortoise et sage,
„Que certes por mal ne te dient
Nule chose, eincois te chastient,
Se tu le savoies entendre,

*

5125. Vergl. z. 490. 6070. 6089.

5129. escote A.

5135. Man vergleiche in Crestiens Roman del chevalier de la charrete (ausgabe von Jonckbloet, s. 68):
    z. 1649 Uns chevaliers auques d'ahe.

5136. Vergl. die anmerkung zu z. 4321; vergl. unten, z. 5959.

5140 Que lassus n'ailles ostel prendre,
Ne le por coi dire ne t'osent;
Mes il te chastoient et chosent
Por ce, que esmaier t'en vuelent;
Et par costume feire suelent
5145 Autel a toz les sorvenanz
Por ce, que il n'aillent leanz;
Et la costume est ca fors tex,
Que nos n'osons a noz ostex
Herbergier por rien, qui aveigne,
5150 Nul preudome, qui de fors veigne.
Or est sor toi del soreplus,
La voie ne te desfant nus,
Se tu viax, lassus monteras,
Mes par mon los retorneras."
5155 „Dame", fet il, „se je creoie
Vostre consoil, je cuideroie,
Que g'i eusse enor et preu;
Mes je ne sauroie, an que leu
Je retrovasse ostel huimes."
5160 „Par foi", fet cele, „et je m'an tes;
Qu'a moi rien nule n'en afiert.
Alez quel part, que boen vos iert!
Et neporquant grant joie auroie,
Se je de leanz vos veoie
5165 Sanz trop grant honte revenir,
Mes ce ne porroit avenir."
„Dame", fet il, „dex le vos mire!
Mes mes fins cuers leanz me tire,
Si ferai ce, que mes cuers vialt."

*

5140. lessus A. lassus B, nach Guest. I. s. 195ª.
5147. si est tex B, nach Guest. I. s. 195ª.
5153. leissus A. lassus B, nach Guest.
5158. en quel leu B, nach Guest.
5162. tel B, nach Guest.
5168. Se mes fox cuers amont me tire B, nach Guest. I. s. 195 b.

5170 Tantost vers la porte s'aquialt
Et ses lyeons et la pucele,
Et li portiers a soi l'apele,
Si li dit: „Venez tost, venez!
Qu'an tel leu estes arivez,
5175 Ou vos seroiz bien retenuz
Et mal i soiez vos venuz."
Ensi li portiers le semont   Bl. 99 ᵇ.
Et haste de venir amont;
Mes molt li fist leide semonse.
5180 Et mes sire Yvains sanz response
Par devant lui s'an passe et trueve
Une grant sale haute et nueve;
S'avoit devant .I. prael clos
De pex aguz, reonz et gros,
5185 Et par entre les pex leanz
Vit puceles jusqu'a trois cenz,
Qui diverses oevres feisoient,
De fil d'or et de soie ovroient

*

5170—5762. Vergl. Hartmann, z. 6164—6834.

5188. Man sehe unten, z. 5221. 5290. Vergl. Kinder- und hausmärchen, gesammelt durch die brüder Grimm. III. 3. auflage. Göttingen. 1856. 8. s. 95. — Auf die dieser zeile zukommende bedeutung für die geschichte des gewerbes hat Francisque Michel hingewiesen in seinen: Recherches sur le commerce, la fabrication et l'usage des étoffes de soie, d'or et d'argent et autres tissus précieux en Occident, principalement en France pendant le moyen âge. I. Paris. 1852. 4. Hier findet sich s. 91 folgende bemerkung: „Quelque incrédulité que nous ayons manifestée relativement aux manufactures d'étoffes de soie, que l'émigration des Lucquois aurait fait surgir hors de l'Italie, on ne saurait douter cependant, que l'on ne fabriquât, chez nous, des tissus de ce genre dès le XII ᵉ siècle. On lit, en effet, dans deux romans de cette époque, des épisodes, qui ne permettent aucune incertitude à cet égard. Dans l'un, qui est encore inédit, un personnage s'exprime ainsi:

Li chevalier, que je conquier,
Sont assis au plus vil mestier,
Certes, qui soit en tout le mont;
Car jel vous di que teisser sont,

Chascune au mialz, qu'ele savoit.
5190 Mes tel povrete i avoit,
Que desliees et desceintes
En i ot de povrete meintes,
Et as memeles et as codes
Estoient lor cotes derotes
5195 Et les chemises au col sales,
Les flans gresles et les vis pales
De fain et de meseise avoient.
Il les voit et eles le voient,
Si s'anbrunchent totes et plorent
5200 Et une grant piece demorent,
Qu'eles n'antendent a rien feire
Ne lor ialz nen pueent retreire
De terre, tant sont acorees.
Qant un po les ot regardees
5205 Mes sire Yvains, si se trestorne,
Droit vers la porte s'an retorne,
Et li portiers contre lui saut,
Se li escrie: „Ne vos vaut,
Que vos n'en iroiz or, biax mestre,
5210 Vos voldriez or la fors estre;
Mes, par mon chief, ne vos i monte,
Einz auroiz eu tant de honte,
Que plus n'en porriez avoir.

*

Ne ja puis n'en seront oste
Par nul homme de mere ne;
Ainz tissent poiles et bofus
Et dras de soie a or batus,
Si font trop riches paveillons,
Par foy, de diverses façons.
Romans de Perceval, ms. de la bibl. nation., suppl.
fr. n° 430, fol. 143 recto, col. 1., v. 21."
Die andere von Michel angeführte stelle ist eben die vorliegende unseres gedichtes.

5195. au col sales B, nach Guest. I. s. 195 a. as cos pales A.
5196. Les flans megres B, nach Guest. — Les cos gresles A.
5212. auroie eu B, nach Guest. I. s. 196 a. en A.

Si n'avez mie fet savoir,
5215 Quant vos estes venuz ceanz;
Que del rissir est il neanz."
„Ne je ne quier", fet il, „biax frere;
Mes di moi, par l'ame ton pere,
Dameiseles, que j'ai veues
5220 An cest chastel, dont sont venues,
Qui dras de soie et orfrois tissent Bl. 99ᶜ.
Et oevres font, qui m'abelissent?
Mes ce me desabelist moult,
Qu'eles sont de cors et de vout
5225 Meigres et pales et dolantes;
Si m'est vis, que beles et gentes
Fussent molt, se eles eussent
Itex choses, qui lor pleussent."
„Je", fet il, „nel vos dirai mie.
5230 Querez autrui, qui le vos die!"
„Si ferai ge, quant mialz ne puis."
Lors quiert tant, que il trueve l'uis
Del prael, ou les dameiseles
Ovroient, et vint devant eles,
5235 Si les salue ansanble totes
Et si lor voit cheoir les gotes
Des lermes, qui lor decoroient
Des ialz, si com eles ploroient.
Et il lor dit: „Dex, s'il li plest,
5240 Cest duel, que ne sai, dont vos nest,
Vos ost del cuer et tort a joie!"
L'une respont: „Dex vos en oie,
Que vos en avez apele!
Ne vos sera mie cele,
5245 Qui nos somes et de quel terre,
Espoir ce volez vos anquerre."
„Por el", fet il, „ne ving je ca."

*

5218. Vergl. oben, z. 661 und die anmerkung zu z. 662.
5221. Vergl. oben, z. 5188.

"Sire, il avint molt grant pieca,
Que li rois del Isle as puceles
5250 Aloit por apanre noveles
Par les corz et par les pais;
S'ala tant, come fos nais,
Qu'il s'anbati an cest peril.
A mal eur i venist il,
5255 Que nos cheitives, qui ci somes,
La honte et le mal en avomes,
Qui onques ne le desservimes;
Et bien sachiez, que vos meismes
I poez molt grant honte atendre,
5260 Se reancon nen vialt an prendre.
Mes tote voie ensi avint,
Que mes sire an cest chastel vint,
Ou il a .II. filz de deable,
(Ne nel tenez vos mie a fable,
5265 Que de fame et de netun furent,) Bl. 99 d.

*

5248—5265. Die entsprechende stelle des englischen Ywaine and Gawin lautet bei Ritson. I. s. 126. 127:

z. 3005 Ane of tham answerd ogayne
And said: The soth we sal noght layne,
We sal yow tel or ye ga ferr,
Why we er here, and what we err.
Sir, ye sal understand,
That we er al of Mayden-land,
Our kyng, opon his jolite,
Passed thurgh many cuntre,
Aventures to spir and spy,
Forto asay his owen body,
His herber her anes gan he ta,
That was biginyng of our wa,
For heryn er twa champions,
Men sais thai er the devil sons,
Geten of a woman with a ram,
Ful many man have thai done gram.

5262. Que li rois B, nach Guest. I. s. 196 b.

5263. Vergl. nachher, z. 5279. 5323. 5329.

5265. Vergl. unten, z. 5504. 5505. nuiton B, nach Guest. — Vergl. J. Grimm, Deutsche mythologie. I. s. 456.

Et cil dui combatre se durent
Au roi, dont dolors fu trop granz;
Qu'il n'avoit pas .XVIII. anz;
Si le poissent tot porfandre
5270 Ausi com .I. aignelet tandre.
Et li rois, qui grant peor ot,
S'an delivra si, com il pot:
Si jura, qu'il anvoieroit
Chascun an, tant com vis seroit,
5275 Ceanz de ses puceles trante,
Si fust quites par ceste rante,
Et devisie fu a jurer;
Et cist treuz devoit durer,
Tant com li dui maufe durroient,
5280 Et a ce jor, que il seroient
Conquis et vaincu an bataille,
Quites seroit de ceste taille,
Et nos seriens delivrees,
Qui a honte somes livrees
5285 Et a dolor et a meseise;
James n'aurons rien, qui nos pleise.
Mes molt di ore grant enfance,
Qui paroil de la delivrance;
Que james de ceanz n'istrons,
5290 Toz jorz dras de soie tistrons,
Ne ja nen serons mialz vestues,
Toz jorz serons povres et nues,
Et toz jorz fain et soif aurons,
Ja tant chevir ne nos saurons,
5295 Que mialz en aiens a mangier;
Del pain avons a grant dangier,
Au main petit et au soir mains;
Que ja del uevre de noz mains

*

5279. Man sehe, oben, z. 1129; unten, z. 5323, 5329, 5579.
Vergl. J. Grimm, Deutsche mythologie. II. s. 940.
5293. Et touz B, nach Guest. I. s. 197ᵃ. Et fehlt A.
5296. dongier A.

N'aura chascune por son vivre
5300 Que .iiii. deniers de la livre,
Et de ce ne poons nos pas
Assez avoir viande et dras;
Car qui gaaigne la semainne
.xx. solz, n'est mie fors de painne.
5305 Mes bien sachiez vos a estros,
Que il n'i a celi de nos,
Qui ne gaaint .v. solz ou plus;
De ce seroit riches uns dus!
Et nos somes ci an poverte;   Bl. 99 e.
5310 S'est riches de nostre desserte
Cil, por cui nos nos traveillons.
Des nuiz grant partie veillons
Et toz les jorz por gaaignier;
Qu'il nos menace a mahaignier
5315 Des manbres, quant nos reposons,
Et por ce reposer n'osons.
Mes que vos iroie contant?
De honte et de mal avons tant,
Que le quint ne vos an sai dire.
5320 Et ce nos fet anragier d'ire,
Que maintes foiz morir veomes
Chevaliers juenes et prodomes,
Qui as .ii. maufez se conbatent;
L'ostel molt chierement achatent,
5325 Ausi com vos feroiz demain;
Que trestot seul de vostre main
Vos covandra, voilliez ou non,
Conbatre et perdre vostre non
Encontre les .ii. vis deables."

*

5323. Vergl. die anmerkung zu z. 5279.

5329. les .ii. vis deables. So heißt es in Huon de Bordeaux, ausg. von F. Guessard und C. Grandmaison:

s. 143. „Par foi," dist Hues, „chi fait mal arester.
Li vif deable m'ont fait caiens entrer" . . .

. . . .

s. 183. Quel vif diable sont ca dedens entre?

5330 „Dex, li voirs rois esperitables,"
Fet mes sire Yvains, „m'an desfande
Et vos enor et joie rande,
Se il a volente li vient!
Des or mes aler m'an covient
5335 Et veoir genz, qui leanz sont,
Savoir, quel chiere il me feront."
„Or alez, sire, cil vos gart,
Qui toz les biens done a sa part!"
Lors vet, tant qu'il vint en la sale,
5340 N'i trueve gent boene ne male,
Qui de rien les mete a reison.
Tant trespassent de la meison,
Que il vindrent en .i. vergier.
Einz de lor chevax herbergier
5345 Ne tindrent plet, ne n'an parlerent,
Cui chaut, que bien les establerent;
Cil, qui l'un an cuident avoir,
Ne sai, s'il cuiderent savoir,
Qu'ancore a il cheval tot sain;
5350 Li cheval ont avoinne et fain
Et la litiere enjusqu'au vantre.
Et mes sire Yvains lors s'en antre
El vergier, apres li sa rote.   Bl. 99 f.
Voit apoie desor son cote
5355 .i. riche home, qui se gisoit
Sor .i. drap de soie, et lisoit
Une pucele devant lui
En .i. romans, ne sai de cui;

*

5338. done et depart B, nach Guest.

5341. les, weil Yvain nicht allein gekommen ist; vergl. oben, z. 5099.

5352—5354. Nach Guest. I. s. 197ᵇ, lauten diese zeilen in B
        Mesire Yvains ou vergier entre
        La pucele apres lui s'aroute.
        Apoiez fu desor son coute . . .

5358. Vergl. F. Wolf, Über die lais, s. 263.

Et por le romans escoter
5360 Si estoit venue acoder
Une dame, et s'estoit sa mere
Et li sires estoit ses pere.
Si se porent molt esjoir
De li bien veoir et oir;
5365 Car il n'avoient plus d'enfanz,
Ne n'ot mie plus de .XVI. anz
Et s'estoit molt bele et molt gente,
Qu'an li servir meist s'antente
Li deus d'amors, s'il la veist,
5370 Ne ja amer ne la feist
Autrui se lui meismes non;
Por li servir devenist hon,
S'eissist de sa deite fors
Et ferist lui meisme el cors
5375 Del dart, dont la plaie ne sainne,
Se desleax mires n'i painne.
(N'est que nus pener i puisse,
Jusque desleaute i truisse;
Et qui an garist autrement,
5380 Il n'aimme mie leaument.)
De ces plaies molt vos deisse,
Tant qu'a une fin an venisse,
Se l'estoire bien vos pleust;
Mes tost deist tel, i eust,

*

5374. 5375. Vergl. oben, z. 1370—1378. — Im Roman de la violete ou de Gerard de Nevers heißt es s. 22 der ausgabe von Fr. Michel:

Quar si m'a enpaint et boute
Amors de son dart enz el cuer.

5381. Von der anrede an die leser macht Crestien häufigen gebrauch; man vergl.: z. 2161. 5381—5391. 5579. 5832. 5993—5996. 6005—6097. 6452. 6523. 6788. 6805.

5384—5386 lauten in B, nach Guest. I. s. 198ᵃ:

Mes tost tex de vos i eust,
Qui deist: „C'est parole oiseuse,
Qu'il n'i a mes gent amoreuse . . .

5385 Que je vos parlasse de songe;
Que la genz n'est mes amoronge,
Ne n'aimment mes si, com il suelent,
Que nes oïr parler n'an vuelent.
Mes or oez, an quel meniere,
5390 A quel sanblant et a quel chiere
Mes sire Yvains est herbergiez.
Contre lui saillirent an piez
Tuit cil, qui el vergier estoient,
Et maintenant, que il le voient,
5395 Si li dient: „Or ca, biax sire!
De quanque dex puet feire et dire,
Soiez vos beneoiz clamez   Bl. 100 a.
Et vos et quanque vos avez!"
Se ne sai ge, s'il le decoivent,
5400 Mes a grant joie le recoivent
Et font sanblant, que molt lor pleise,
Qu'il soit herbergiez a grant eise.
Meismes la fille au seignor
Le sert et porte grant enor,
5405 Com an doit feire a son boen oste;
Trestotes ses armes li oste,
Et ce ne fu mie del mains;
Qu'ele li leve de ses mains
Le col et le vis et la face;
5410 Tote enor vialt, que l'en li face,
Li peres si, com ele fet.

*

5385. Vergl. oben, z. 171.
5386—5388. Vergl. oben, z. 18—28.
5392. Vergl. oben, z. 68. 652.
5398. amez B, nach Guest.
5399. Je ne sai, se il le decoivent B, nach Guest.
5403—5429. Vergl. die anmerkung zu z. 228.
5408. 5409. Dafür in B, nach Guest:
    Qu'ele meismes a ses meins
    Le col li apleige et la face.

Chemise ridee li tret
Fors de son cofre et braies blanches
Et fil et aguille a ses manches,
5415 Si li vest et ses braz li cost.
Or doint dex, que trop ne li cost
Ceste losenge et cist servise!
A vestir desor sa chemise
Li a baillie un nuef sorcot
5420 Et un mantel sanz harigot,
Veir d'escarlate, au col li met.
De lui servir tant s'antremet,
Que l'en la bote et sil an poise.
Mes la pucele est tant cortoise
5425 Et si franche et si deboneire,
Qu'ancor n'an cuide ele preu feire;
Et bien set, qu'a sa mere plest,
Que rien a feire ne li lest,
Dont ele le cuit losangier.

*

5412. risdee A. Unser text stimmt zu Hartmann:
z. 6482 dâ nâch gap sî im an
wîze lînwât reine,
geridieret cleine.
Man vergl. auch Benecke zu dieser stelle, s. 339. — B hat eine andere wendung, in der das auch von Hartmann aufgenommene ridee fehlt. Nach Guest lauten die zeilen 5412. 5413 in B folgendermaßen:
Chemise et braies fors li tret
D'un cofre deliees blanches.

5414. Man vergleiche folgende stelle aus den Vers sur la mort, bei Burguy, Grammaire de la langue d'oïl. II. s. 135:
Di as enfans dant Gilemer
Ke tu fais l'aiguille enfiler
Dont tu lor dois coudre les mances.

5415. Vergl. F. Diez, Zwei altromanische gedichte, berichtigt und erklärt. Bonn. 1852. 8. s. 28, zu 55, 3.

5421. Vergl. oben, z. 231. 4730. 4731.

5423. Quil en a honte et si len poise B, nach Guest.

5425. Dieselbe verbindung gebraucht Crestien wider unten, z. 5942.

5430 La nuit fu serviz au mangier
De tanz mes, que trop en i ot;
Li aporters envier pot
As sergenz, qui des mes servirent.
La nuit totes enors li firent
5435 Et molt a eise le colchierent,
N'onques puis vers lui n'aprochierent,
Que il fu an son lit colchiez.
Et li lyeons jut a ses piez,
Si com il ot acostume.
5440 Au main, quant dex rot alume
Par le monde son luminaire,   Bl. 100 b.
Si matin, com il le pot faire,
Qui tot fet par comandement,
Se leva molt isnelement.
5445 Mes sire Yvains et sa pucele
S'oirent a une chapele
Messe, qui molt tost lor fu dite
En l'enor del saint esperite.
Mes sire Yvains apres la messe
5450 Oi novele felenesse,
Quant il cuida, qu'il s'an deust
Aler, que rien ne li neust,
Mes ne pot mie estre a son chois.
Qant il dist: „Sire, je m'an vois,
5455 S'il vos plest a vostre congie";
„Amis, ancor nel vos doing gie,"
Fet li sires de la meison,
„Je nel puis feire, par reison:
En cest chastel a establie
5460 Une molt fiere deablie,
Qu'il me covient a maintenir.
Je vos ferai ja ci venir
.II. miens sergenz molt granz et forz;

*

5448. Vergl. oben, z. 273. 4460. 4984; unten, z. 6784.
5463. 5464. B hat nach Guest. I. s. 198 b:
    Deuz granz geanz et durs et forz;
    Encontre eus, soit ou droiz ou torz . . .

Encontre aus .II., soit ou torz,
5465 Vos covenra voz armes prendre.
S'ancontre aus vos poez desfandre
Et aus endeus vaincre et ocirre,
Ma fille a seignor vos desirre,
Et de cest chastel vos atant
5470 L'enors et quanqu'il i apant."
„Sire," fet il, „je n'en quier point.
Ja dex ensi part ne mi doint,
Et vostre fille vos remaingne,
Ou l'empereres d'Alemaingne
5475 Seroit bien saus, s'il l'avoit prise,
Qui molt est bele et bien aprise!"
„Teisiez, biax ostes!" dit li sire,
„De neant vos oi escondire;
Que vos n'an poez eschaper.
5480 Mon chastel et ma fille aurez,
Et ma fille et tote ma terre,
Se cez poez en chanp conquerre,
Qui ja vos vanront asaillir;
La bataille ne puet faillir
5485 Ne remenoir en nule guise.   Bl. 100ᶜ·
Mes je sai bien, que coardise
Vos fet ma fille refuser;
Por ce vos cuidiez eschaper
Oltreemant de la bataille.
5490 Mes ce sachiez vos bien sanz faille,
Que combatre vos i estuet!
Por rien eschaper ne s'an puet
Nus chevaliers, qui ceanz gise.
Ce est costume et ranté asise,
5495 Qui trop aura longue duree;
Que ma fille n'iert mariee,

*

5468. a seignor B, nach Guest. — et s'enors A.
5473—5475. Vergl. oben, z. 2064. 2065.
5485. Vergl. nachher, z. 5503.

Tant que morz ou conquis les voie."
„Donc m'i covient il tote voie
Combatre maleoit gre mien;
5500 Mes je m'an sofrisse molt bien
Et volantiers, ce vos otroi;
La bataille, ce poise moi,
Ferai; que ne puet remenoir."
Atant vienent hideus et noir
5505 Amedui li fil d'un netun,
N'i a nul d'aus .II. qui n'ait un
Baston cornu de cornelier,
Qu'il orent fez aparellier
De cuivre et puis lier d'archal.
5510 Des les espaules contreval
Furent arme jusqu'aus genolz,
Mes les chies orent et les volz
Desarmez et les james nues,
Qui n'estoient mie menues.
5515 Et ensi arme, com il vindrent,
Escuz reonz sor lor chies tindrent,
Forz et legiers por escremir.
Li lyeons comance a fremir,
Tot maintenant que il les voit;
5520 Qu'il set molt bien et aparcoit,
Que a ces armes, que il tienent,
Combatre a son seignor se vienent;
Si se herice et creste ansanble,
De hardement et d'ire tranble
5525 Et bat la terre de sa coe;
Que talant a, que il rescoe
Son seignor, einz que il l'ocient.

*

5497. Vergl. oben, z. 4509.

5503. Vergl. vorhin, z. 5485.

5504. Vergl. J. Grimm, Deutsche mythologie. II. s. 945.

5505. Vergl. die anmerkung zu z. 5265. — dou nuiton B, nach Guest. I. s. 199a.

5523. Vergl. oben, z. 4211.

Et quant cil le voient, si dient:
„Vasax, ostez de ceste place Bl. 100ᵈ.
5530 Vostre lyeon, qui nos menace,
Ou vos vos randez recreanz!
Q'autrement, ce vos acreanz,
Le vos covient an tel leu metre,
Que il ne se puisse antremetre
5535 De vos eidier et de nos nuire.
Seul vos covient o nos deduire;
Que li lyeons vos eideroit
Molt volentiers, se il pooit."
„Vos meismes, qui le dotez,"
5540 Fet mes sire Yvains, „l'en ostez!
Que molt me plest et molt me siet,
S'il onques puet, que il vos griet,
Et molt m'est bel, se il m'aie."
„Par foi", font il, „ce n'iest mie;
5545 Que ja aide n'i auroiz.
Feites del mialz, que vos porroiz,
Toz seus sanz aide d'autrui!
Vos devez seus estre et nos dui.
Se li lyons ert avoec vos,
5550 Por ce, qu'il se merlast a nos,
Donc ne seriez vos pas seus,
Dui seriez contre nos deus.
Se vos covient, ce vos afi,
Vostre lyeon oster de ci,
5555 Mes que bien vos poist orandroit."
„Ou volez vos", fet cil, „qu'il soit,
Ou vos plest il, que je le mete?"
Lors li mostrent une chanbrete,
Si dient: „Leanz l'encloez!"
5560 „Fet iert, des que vos le volez."
Lors l'i moinne et sil i anserre,
Et an li vet maintenant querre
Ses armes por armer son cors,
Et son cheval li ont tret fors,
5565 Se li baillent et il i monte.

Por lui leidir et feire honte
Li passent li dui chanpion;
Qu'aseure sont del lyon,
Qui est dedanz la chanbre anclos.
5570 Des maces li donent tex cos,
Que petit d'aide li fait
Escuz ne hiaumes, que il ait;
Car quant an son hiaume l'ateignent, Bl. 100 e.
Tot li anbarrent et anfreignent,
5575 Et li escuz pecoie et font
Come glace; tex tros i font,
Que son poing i puet an boter.
Molt font lor cop a redoter.
Et il, que fet des .ii. maufez?
5580 De honte et de crieme eschaufez
Se desfant de tote sa force,
Molt s'esvertue et molt s'efforce
De doner granz cos et pesanz;
N'ont pas failli a ses presanz;
5585 Qu'il lor rant la bonte a doble.
Or a son cuer dolant et troble
Li lyeons, qui est an la chanbre;
Que de la grant bonte li manbre,

*

5574—5576 lauten in B, nach Guest. I. s. 200 a:
    Trestout li enbrunent et freignent
    Et li escuz pecoieer font
    Come glace tex cox i font.

5574. Man sehe unten, z. 6112. Man vergl. E. Gachet, Glossaire zum Chevalier au cygne, s. 703, unter dem worte enbarer; man findet hier folgende stellen zur vergleichung angeführt:
    Sanglans estoit ses halbers doblentins,
    Et enbarres li hiaumes poitevins
    Et embuignies des cos qu'il avoit pris.
            Mort de Garin, s. 168.
    De le mache de fer le feri li marchis
    Pardessus le hiaume . . .
    Tous li fu embarrez.
            Baud. de Seb., I. 103.

5579. Vergl. die anmerkung zu z. 5279.

Que cil li fist par sa franchise,
5590 Qui ja auroit de son servise
Et de s'aide grant mestier.
Ja li randroit au grant setier
Et au grant mui ceste bonte,
Ja n'i auroit rien mesconte,
5595 S'il pooit issir de leanz;
Molt vet reverchant de toz sanz,
Ne ne voit, par ou il s'an aille.
Bien ot les cos de la bataille,
Qui perilleuse est et vilainne,
5600 Et por ce si grant duel demainne,
Qu'il anrage vis et forsene;
Tant vet cerchant, que il asene
Au suil, qui porrisoit pres terre,
Et tant, qu'il l'arache et desserre
5605 Et fiche jusque pres des rains.
Et ja estoit mes sire Yvains
Molt traveilliez et molt suanz
Et molt trovoit les .II. jaianz
Forz et felons et adurez,
5610 Molt i avoit cos andurez
Et randuz tant, com il plus pot,
Ne de rien bleciez ne les ot;
Que trop savoient d'escremie,
Et lor escu n'estoient mie
5615 Tel, que rien en ostast espee,
Tant fust tranchant ne aceree;
Por ce si se pooit molt fort   Bl. 100 f.
Mes sire Yvains doter de mort.
Mes ades tant se contretint,

*

5593. Vergl. oben, z. 591.
5596. Vergl. oben, z. 1142.
5607. Vergl. oben, z. 4908.
5618. doter de mort. Ebenso italiänisch:
    Ed io pensando forte
     Dottai ben della morte.
        Brunetto Latini, Il tesoretto.

5620 Que li lyons oltre s'an vint,
Tant ot desoz le suel grate.
S'or ne sont li gloton mate,
Donc ne le seront il james;
Car au lyeon ne panront pes
5625 Ne n'auront, tant com vis les sache.
L'un en aert et si le sache
Par terre ausi com un moton.
Or sont esfree li gloton,
N'il n'a home an tote la place,
5630 Qui an son cuer joie n'en face,
Et cil ne relevera ja,
Que li lyeons a terre a,
Se li autres ne le secort.
Por lui eidier cele part cort
5635 Et por lui meismes secorre;
Qu'a lui ne lest li lyeons corre,
Quant il aura celui ocis,
Que il avoit par terre mis,
Et si avoit graignor peor
5640 Del lyeon, que de son seignor.
Des or est mes sire Yvains fos,
Des qu'il li a torne le dos
Et voit le col nu et delivre,
Se longuement le leisse vivre;
5645 Que molt l'an est bien avenu.
La teste nue et le col nu
Li a li gloz abandone,
Et il li a tel cop done,
Que la teste del bu li ret
5650 Si soavet, que mot n'an set;
Et maintenant a terre vient
Por l'autre, que li lyeons tient,

*

5626. 5627. Vergl. oben, z. 4214. 4519.

5627. moston A.

5650. set haben A und B, nach Guest. I. s. 201ª. Vielleicht ist fet zu lesen.

Que rescorre et tolir li vialt,
Mes por neant, que tant se dialt,
5655 James mire a tans n'i aura;
Qu'an son venir si le navra
Li lyeons, qui molt vint iriez,
Que leidemant fu anpiriez,
Et tote voie arriers le bote;
5660 Si voit, que il li avoit tote
L'espaule fors de son leu trete,
Por lui de rien ne se deshete; Bl. 101 a.
Que ses bastons li est cheuz.
Et cil gist pres come feuz,
5665 Qu'il ne se crosle ne ne muet;
Mes tant i a, que parler puet,
Et dist, si com il li pot dire:
„Ostez vostre lyeon, biax sire,
Se vos plest, que plus ne m'adoist!
5670 Que des or mes faire vos loist
De moi tot ce, que boen vos iert.
Et qui merci prie et requiert,
N'i doit faillir cil, qui la rueve,
Se home sanz pitie ne trueve;
5675 Et je ne me desfandrai plus,
Ne ja ne releverai sus
De ci por force, que je aie,
Si me met an vostre menaie."
„Di donc", fet cil, „se tu otroies,

*

5655. Es mag hier an eine ähnliche in den späteren ritterromanen oft angebrachte wendung erinnert werden, welche Cervantes, Don Quijote, primera parte, capítulo III, mit den worten nachahmt: Alzó la lanza á dos manos, y dió con ella tan gran golpe al arriero en la cabeza, que le derribó en el suelo tan mal trecho, que si segundara con otro, no tuviera necesidad de maestro que le curara. Man vergleiche auch D. Diego Clemencin zu dieser stelle, Don Quijote. I. s. 58.

5660. 5661. Diese zeilen lauten in B, nach Guest:
Et vit que il l'avoit ja route
L'espaule et toute dou bu trete.

5680 Que vaincuz et recreanz soies!"
„Sire", fet il, „il i pert bien,
Veincuz sui maleoit gre mien
Et recreanz, ce vos otroi."
„Donc n'as tu mes garde de moi,
5685 Et mes lyeons te raseure."
Tantost vienent grant aleure
Totes les genz anviron lui,
Et li sire et la dame andui
Li font grant joie et sil acolent
5690 Et de lor fille li parolent.
Si li dient: Or seroiz vos
Dameisiax et sires de nos
Et nostre fille iert vostre dame;
Car nos la vos donrons a fame."
5695 „Et je", fet il, „la vos redoing,
Qui vialt, si l'ait, je n'en ai soing;
Si n'en di ge rien por desdeing.
Ne vos poist, se je ne la preing!
Que je ne puis, ne je ne doi.
5700 Mes, s'il vos plest, delivrez moi
Les cheitives, que vos avez!
Li termes est, bien le savez,
Qu'eles s'an doivent aler quites."
„Voirs est," fet il, „ce que vos dites,
5705 Et je les vos rant et aquit;
Qu'il n'i a mes nul contredit.   Bl. 101 b.
Mes prenez, si feroiz savoir,
Ma fille a trestot mon avoir,
Qui est molt bele et riche et sage;
5710 James si riche en mariage
N'auroiz, se vos cestui n'avez."
„Sire", fet il, „vos ne savez
Mon essoine ne mon afeire,
Ne je ne le vos os retreire.
5715 Mes je sai bien, que je refus

*

5710. en mariage B, nach Guest. I. s. 201 b. en fehlt A.

Ce, que ne refuseroit nus,
Qui deust son cuer et s'antente
Metre an pucele bele et gente;
Que volantiers la receusse,
5720 Se je poisse ne deusse.
Je ne puis, ce sachiez de voir,
Cesti ne autre recevoir.
Si m'an lessiez an pes atant!
Que la dameisele m'atant,
5725 Qui avoec moi est ca venue.
Compaignie mi a tenue
Et je la revoel li tenir,
Que que il m'an doie avenir."
„Volez, biax sire? Et vos comant?
5730 James, se je ne le comant
Et mes consauz ne le m'aporte,
Ne vos iert overte ma porte;
Einz remanroiz en ma prison.
Orguel feites et mesprison,
5735 Qant je vos pri, que vos praigniez
Ma fille et vos la desdaigniez."
„Desdaing, sire? Nel faz, par m'ame!
Mes je ne puis esposer fame
Ne remenoir por nule painne.
5740 La dameisele, qui m'enmaine,
Siudrai; qu'autrement ne puet estre.
Mes, s'il vos plest, de ma main destre
Vos plevirai, si m'an creez,
Q'ainsi, com vos or me veez,
5745 Revanrai ca, se j'onques puis,

*

5718. Vergl. unten, z. 5750.

5721. 5722. Diese beiden zeilen stehen in B, nach Guest. I. s. 201[b]. in umgekehrter ordnung.

5731. Man vergl. Henri de Valenciennes, bei Burguy, Grammaire de la langue d'oïl. II. s. 371: Nostre consaus nous apporte que nous volons avoir toute la tierre de Duras, deschi a la Maigre.

5740. molt m'aimme A. m'enmoine B, nach Guest. I. s. 202[a].

Et panrai vostre fille puis."
„Dahait," fet il, „qui el vos quiert
Ne qui foi ne ploige an requiert!
Se ma fille vos atalante,
5750 Recevez la por bele et gente; Bl. 101ᶜ.
Vos revanroiz hastivement,
Ja por foi ne por seirement,
Ce cuit, ne revanroiz plus tost.
Or alez! Que je vos en ost
5755 Trestoz ploiges et toz creanz.
Se vos retaingne pluie et vanz,
Ou fins, neanz ne me chaut il.
Ja ma fille n'aurai si vil,
Que je par force la vos doingne.
5760 Or alez an vostre besoingne!
Que tot autant, se vos venez,
M'an est, com se vos remenez."

Tantost mes sire Yvains s'an torne,
Qui el chastel plus ne sejorne,
5765 Et s'en a avoec soi menees
Les cheitives desprisonees.
Et li sires li a bailliees
Povres et mal apareilliees;
Mes or sont riches, ce lor sanble.
5770 Fors del chastel totes ensanble
Devant lui .II. et .II. s'an issent.
Ne ne cuit pas, qu'eles feissent
Tel joie, com eles li font,

*

5746. Auf diese zeile folgt in B, nach Guest:
Quele hore que il boen vos iert.
Dahe ait fet il, qui vos quiert
Ne foi ne plege ne creante.
Se ma fille vos acreante
Vos revendroiz hativement . . .
5750. Vergl. oben, z. 5718.
5761. alez B, nach Guest. I. s. 202ᵃ.
5763—5996. Vergl. Hartmann, z. 6835—7014.

A celui, qui fist tot le mont,
5775 S'il fust venuz de ciel an terre.
Merci et pes li vindrent querre
Totes les genz, qui dit li orent
Tant de honte, com il plus porent.
Si le vont einsi convoiant,
5780 Mes il dit, qu'il n'an set neant.
„Je ne sai," fet il, „que vos dites,
Et si vos an claim je toz quites;
C'onques chose, que j'en mal teingne,
Ne deistes, dont moi soveingne."
5785 Cil sont molt lie de ce, qu'il oent,
Et sa corteisie molt loent.
Or le comandent a deu tuit;
Que grant piece l'orent conduit,
Et les dameiseles li ront
5790 Congie demande, si s'an vont;
Au partir totes li anclinent
Et si li orent et destinent,
Que dex li doint joie et sante
Et venir a sa volante   Bl. 101 d.
5795 En quelque leu, qu'il onques aut.
Et cil respont, que dex les saut;
Cui la demore molt enuie,
„Alez," fet il, „dex vos conduie
En voz pais sainnes et liees!"
5800 Maintenant se sont avoiees,
Si s'an vont grant joie menant;
Et mes sire Yvains maintenant
De l'autre part se rachemine.
D'errer a grant esploit ne fine
5805 Trestoz les jorz de la semainne,
Si com la pucele l'enmainne,
Qui la voie molt bien savoit
Et le recet, ou ele avoit

* * *

5793 steht in A doppelt.

   Lessiee la desheritee
5810 Desheitiee et desconfortee.
   Mes quant ele oi la novele
   De la venue a la pucele
   Et del chevalier au lyeon,
   Ne fu joie, se cele non,
5815 Que ele en ot dedanz son cuer;
   Car or cuide ele, que sa suer
   De son heritage li lest
   Une partie, se li plest.
   Malade ot geu longuemant
5820 La pucele et novelemant
   Estoit de son mal relevee,
   Qui durement l'avoit grevee,
   Si que bien paroit a sa chiere.
   A l'encontre tote premiere
5825 Li est alee sanz demore,
   Si le salue et sil enore
   De quanqu'ele onques set ne puet.
   De la joie parler n'estuet,
   Qui la nuit fu a l'ostel feite;
5830 Ja parole n'en iert retreite;
   Que trop i auroit a conter.
   Tot vos trespas jusqu'au monter
   Landemain, que il s'an partirent.
   Puis errerent, tant que il virent
5835 .I. chastel, ou li rois Artus
   Ot demore quinzainne ou plus;
   Et la dameisele i estoit;   Bl. 101 e.
   Qui sa seror desheritoit,
   Qu'ele avoit pres la cort tenue;
5840 Puis si atendoit la venue
   Sa seror, qui vient et aproche.
   Mes molt petit au cuer li toche;
   Qu'ele cuide, que l'en ne truisse
   Nul chevalier, qui sofrir puisse
5845 Mon seignor Gauvain an estor;
   N'il n'i avoit que .I. seul jor

De la quinzainne a parvenir;
La querele tot sanz mantir
Eust desresnie quitemant
5850 Par reison et par jugemant,
Se cil seus jorz fust trespassez.
Mes plus i a a feire assez,
Qu'ele ne cuide, ne ne croit.
En .I. ostel bas et estroit
5855 Fors del chastel cele nuit jurent,
Ou nules genz ne les conurent;
Car se il el chastel geussent,
Totes les genz les coneussent,
Et de ce n'avoient il soing.
5860 Fors del ostel a grant besoing
A l'aube aparissant s'an issent,
Si se reponent et tapissent,
Tant que li jorz fu biax et granz.
Jorz avoit passez, ne sai quanz,
5865 Que mes sire Gauvains s'estoit
Herbergiez si, qu'an ne savoit
De lui a cort nule novele
Fors que seulement la pucele,
Por cui il se voloit combatre.
5870 Pres a trois liues ou a quatre
S'estoit de la cort trestornez
Et vint a cort si atornez,
Que reconuistre ne le porent
Cil, qui toz jorz coneu l'orent,
5875 As armes, que il aporta.
La dameisele, qui tort a
Vers sa seror trop en apert,
Veant toz l'a ancor osfert,
Que par lui desresnier voldroit

*

5847. Vergl. oben, z. 4795.
5852. Vergl. oben, z. 4294.
5877. trop de sa pert A. tout en apert B, nach Guest. I. s. 203b.
5878. acor A. Voiant toute la cort offert B, nach Guest.

5880 La querele, ou ele n'a droit,
Et dit au roi: „Sire, ore passe, Bl. 101 f.
Jusqu'a po sera none basse
Et li derriens jorz iert hui.
Or voit an bien, comant je sui,
5885 Or me covient droit maintenir.
Se ma suer deust revenir,
N'i eust mes que demorer.
Deu an puisse je aorer,
Quant el ne vient ne ne repeire,
5890 Bien i pert, que mialz ne puet feire;
Si sui por neant traveilliee
Et j'ai este apareilliee
Toz les jorz jusqu'au desrien,
A desresnier ce, qui est mien.
5895 'Tot ai desresnie sanz bataille;
S'est or bien droiz, que je m'en aille
Tenir mon heritage an pes;
Que je n'an respondroie mes
A ma seror, tant com je vive;
5900 Si vivra dolante et cheitive."
Et li rois, qui molt bien savoit,
Que la pucele tort avoit
Vers sa seror trop desleal,
Li dit: „Amie, a cort real
5905 Doit en atendre par ma foi,
Tant com la justise le roi
Siet et atant por droiturier,
N'i a rien del corion ploier;
Qu'ancor vendra trestot a tans
5910 Vostre suer ci, si com je pans."
Einz que li rois eust ce dit,

*

5882. D. h. drei uhr nachmittags.
5888. Vergl. oben, z. 1080.
5907. 5908. Diese zeilen lauten in B, nach Guest. I. s. 204ª:
    Siet et atent por droit tenir.
    Encor est li jorz a venir.

Le chevalier au lyeon vit
Et la pucele delez lui.
Seul a seul venoient andui;
5915 Que del lyeon anble se furent;
Si fu remes la, ou il jurent.
Li rois la pucele a veue,
Si ne l'a pas mesconeue
Et molt li plot et abeli,
5920 Quant il la vit, que devers li
De la querele se pandoit,
Por ce, que au droit entandoit.
De la joie, que il en ot,
Li dist au plus tost, que il pot:
5925 „Or avant, bele, dex vos saut!"   Bl. 102 ª.
Quant cele l'ot, tote an tressaut
Et si se torne, si la voit
Et le chevalier, qu'ele avoit
Amene a son droit conquerre;
5930 Si devint plus noire que terre.
Molt fu bien de toz apelee
La pucele, et ele est alee
Devant le roi la, ou le vit;
Quant fu devant lui, si li dit:

*

5916. Den löwen läßt der dichter hier zurückbleiben, weil dieser treue gefährte Yvains an dem bevorstehenden kampfe des helden mit seinem freunde Gauvain nicht wie sonst (vergl. die anmerkung zu z. 4211) sich beteiligen durfte. Und so hören wir denn von dem löwen erst wider z. 6448.

5919. Vergl. oben, z. 474.

5933. 5934. Vergleiche die ähnliche wendung unten, z. 6483. 6484. In derselben umschreibenden weise drückt sich bekanntlich auch der Spanier aus, z. b.:

Sientate á yantar, mi fijo,
Do estoy, á mi cabecera.

oder:

Donde está la infanta, entráron.

Man vergleiche: Romancero del Cid, publicado por A. Keller. Stuttgart. 1840. 8. s. 13. 26. F. Diez, Grammatik der romanischen sprachen. III. Zweite ausgabe. 8. s. 355, anm.

5935 „Dex salt le roi et sa mesniee!
Rois, s'or puet estre desresniee
Ma droiture ne ma querele
Par un chevalier, donc l'iert ele
Par cestui, qui, soe merci,
5940 M'en a seue anjusque ci.
S'eust il molt aillors a feire
Li frans chevaliers deboneire,
Mes de moi li prist tex pitiez,
Qu'il a arrieres dos gitiez
5945 Toz ses afeires por le mien.
Or feroit corteisie et bien.
Ma dame, ma tres chiere suer,
Que j'aim autant come mon cuer,
Se ele mon droit me lessoit,
5950 Molt feroit bien, s'el le feisoit;
Que je ne demant rien del suen."
„Ne je, voir", fet ele, „del tuen,
Tu ni as rien, ne ja n'auras;
Ja tant preeschier ne sauras,
5955 Que rien en aies por preschier;
Tote an porras de duel sechier."
Et l'autre respont maintenant,
Qui savoit assez d'avenant
Et molt estoit sage et cortoise;
5960 „Certes", fet ele, „ce me poise,
Que por nos .II. se conbatront
Dui si preudome, com cist sont;
S'est la querele molt petite,
Mes je ne la puis clamer quite;
5965 Que molt grant mestier en auroie.
Por ce meillor gre vos sauroie,
Se vos me lessiez mon droit."

*

5942. Vergl. oben, z. 5425.
5959. Vergl. die anmerkung zu z. 5136.
5967. 5968. Man beachte auch hier wider den wechsel in der

„Certes, qui or te respondroit",
Fet l'autre, „molt seroit musarde.
5970 Max fex et male flame m'arde, Bl. 102 b.
Se je t'an doing, don tu mialz vives!
Eincois asanbleront les rives
De la Dunoe et de Seone,
Se la bataille nel te done."
5975 „Dex et li droiz, que je i ai,
En cui je m'an fi et fierai,

*

anrede, der schon oben in der anmerkung zu z. 1795 hervorgehoben worden ist.

5970. So in La mule sanz frain, bei Méon, Nouv. recueil. I. s. 21, z. 644: Maufeus et male flame m'arde. So in Gerard de Viane (bei Imm. Bekker, Der roman von Fierabras, s. xxxvii):
z. 2500 Hai Viane! mal feus et mal charbonz
Voz eust arse entor et anviron,
N'i remainsist ne saule ne donion,
Kant se conbatent por vos tel dui bairon.
Vergl. J. Grimm, Deutsche mythologie. I. s. 569. Dieselbe formel ist auch im Spanischen üblich:
¡ Mal fuego nos mate!
F. Wolf y C. Hofmann, Primavera y flor de romances. I. s. 149.
¡ De mal fuego seas ardida!
Ebendas. II. s. 69.
¡ Mal fuego nos queme!
A. Keller, Romancero del Cid, s. 114.
¡ Mal fuego le queme, madre,
Ese manto de oro fino!
. . . .
¡ Mal fuego quémase, padre,
Tal reir y tal burlar!
A. Duran, Romancero general. I. Madrid. 1849. 8. s. 163. G. Depping, Romancero Castellano. Nueva edicion. II. Leipsique. 1844. 8. s. 176.
Man sehe auch Roquefort, Glossaire de la langue romane. II. s. 126. 127: mal feu.

5976. ferai A. Ich habe fierai geändert.

5976—5980 lauten in B, nach Guest. I. s. 205ᵃ:
En qui je ma fiance ai
Touz tenz jusqu'au jor, qui est hui,
En soit en aide a celui,

En soit en aide a celui
Ese lou desfende d'enui,
Qui par amors e par franchise
5980 Se porosfri de mon servise;
Si ne set il, qui ge me sui,
N'il ne me conoist, ne ge lui."
Tant ont parle, qu'a li remainnent
Les paroles, et si amainnent
5985 Les chevaliers enmi la cort;
Et toz li pueples i acort,
Si com a tel afeire suelent
Corre les genz, qui veoir vuelent
Cos de bataille et escremie.
5990 Mes ne s'antreconurent mie
Cil, qui conbatre se voloient,
Qui molt entramer se soloient.
Et or donc ne s'antraimment il?
Oil, vos respong, et nenil,
5995 Et l'un et l'autre proverai,
Si que reison i troverai.

Por voir, mes sire Gauvains aimme
Yvain et compaingnon le claimme,
Et Yvains lui, ou que il soit;
6000 Neis ci, s'il le conuissoit,
Feroit il ja de lui grant feste
Et si metroit por lui sa teste,

*

Qui por aumosne et por franchise
Se poroffre de mon servise.

5977. a B, nach Guest. I. s. 205ª. fehlt A. Die zeilen 5977
—5982 einschließlich scheinen in A von einer zweiten hand ge-
schrieben zu sein. — Vergl. auch oben, z. 4325. 4435—4437.

5978. Vielleicht ist zu lesen: Et si le desfende d'enui.

5979. frainchise A.

5981. Vergl. oben, z. 331. Man sehe F. Diez, Grammatik
der romanischen sprachen. III. Zweite ausgabe. s. 186.

5997—6097. Vergl. Hartmann, z. 7015—7074.

Et cil la soe ausi por lui,
Einz qu'an li feist grant enui.
6005 N'est ce amors antiere et fine?
Oil, certes. Et la haine
Don ne rest ele tote aperte?
Oil; que ce est chose certe,
Que li uns a l'autre sanz dote
6010 Voldroit avoir la teste rote,
Ou tant de honte li voldroit
Avoir feite, que pis valdroit.
Par foi, c'est mervoille provee,
Que l'en a ensanble trovee   Bl. 102ᶜ.
6015 Amor et Haine mortel;
Dex, meismes en .i. ostel,
Comant puet estre li repaires
A choses, qui tant sont contraires?
En .i. ostel, si com moi sanble,
6020 Ne pueent eles estre ansanble;
Que ne porroit pas remenoir
L'une avoeques l'autre .i. seul soir,
Que noise et tancon n'i eust,
Puis que l'une l'autre i seust.
6025 Mes en .i. chas a plusors manbres,
Que l'en i fet loges et chanbres.
Ensi puet bien estre la chose:
Espoir qu'Amors s'estoit anclose
En aucune chanbre celee
6030 Et Haine s'an ert alee
As loges par devers la voie,
Por ce qu'el vialt, que l'en la voie.
Or est Haine molt ancoche;
Qu'ele esperone et point et broche
6035 Sor Amors, quanque ele puet;
Et Amors onques ne se muet.

*

6030. Et haine estoit alee B, nach Guest. I. s. 205ᵇ.

6032. Die worte „Por ce qu'el vialt, que l'en" stehen in A doppelt.

Ha! Amors, ou es tu reposte?
Car t'an is! Si verras, quel oste
Sont sor toi amene et mis
6040 Li anemi a cel amis;
Li anemi sont cil meisme,
Qui s'antraiment d'amor saintime;
Qu'amors, qui n'est fause ne fainte,
Est precieuse chose et sainte.
6045 Si est Amors asez trop glote
Et Haine n'i revoit gote;
Qu'Amors desfandre lor deust,
Se ele les reconeust,
Que li uns l'autre n'adesast
6050 Ne feist rien, qui li grevast.
Por ce est Amors avuglee
Et desconfite et desjuglee,
Que cez, qui tuit sont suen par droit,
Ne reconuist et si les voit;
6055 Et Haine dire ne set,
Por coi li uns d'ax l'autre het,
Ses vialt feire mesler a tort.   Bl. 102ᵈ·
Si het li uns l'autre de mort,
N'aimme pas, ce poez savoir,
6060 L'ome, qui le voldroit avoir
Honi et qui sa mort desirre.

*

6039. Ont B, nach Guest.

6040. a tes amis B, nach Guest.

6042. santremet A. Nach Guest scheint B s'entraiment zu haben. In B folgt übrigens, nach Guest, diese zeile auf 6040, und darauf Li anemi u. s. f.

6045. 6046 lauten in B, nach Guest:
Ci est amors avugle toute
Et haine ne revoit goute.

6047. le deust B, nach Guest.

6048. le reconeust B, nach Guest.

6050. pesast B, nach Guest.

6052. Vergl. oben, z. 1076.

Comant vialt donc Yvains ocirre
Mon seignor Gauvain, son ami?
Oil, et il lui autresi.
6065 Si voldroit mes sire Gauvains
Yvain ocirre de ses mains,
Ou feire pis, que je ne di?
Nenil, ce vos jur et afi,
Li uns ne voldroit avoir fet
6070 A l'autre ne honte ne let
Por quanque dex a fet por home
Ne por tot l'empire de Rome.
Or ai manti molt leidement;
Que l'en voit bien apertement,
6075 Que li uns vialt envair l'autre
Lance levee sor le fautre,
Et li uns l'autre vialt blecier
Et feire honte et correcier,
Que ja de rien ne s'an feindra.
6080 Or dites, de cui se plaindra
Cil, qui des cos aura le pis,
Quant li uns l'autre aura conquis?
Car s'il font tant, qu'il s'antrevaignent,
Grant peor ai, qu'il ne maintaignent
6085 Tant la bataille et la meslee,
Qu'el soit de l'une part oltree.
Porra Yvains par reison dire,
Se la soe partie est pire,
Que cil li ait fet let ne honte,
6090 Qui antre ses amis le conte,
N'ainz nel apela par son non
Se ami et compaignon non?
Ou s'il avient par aventure,
Qu'il li ait fet nule leidure,
6095 Ou, de que que soit, le sormaint,
Aura il droit, se il se plaint?

*

6068. et B, nach Guest. I. s. 206 a. et fehlt A.
6070. Vergl. z. 490. 5125. 6089.

Nenil; qu'il ne saura de cui.

Antresloignie se sont andui
Por ce, qu'il ne s'antreconoissent,
6100 Al asanbler lor lances froissent,
Qui grosses erent et de fresne. Bl. 102ᵉ.
Li uns l'autre de rien n'aresne;
Car, s'il entrareisnie se fussent,
Autre asanblee feite eussent,
6105 Ja n'eussent a l'asanblee
Feru de lance ne d'espee,
Entrebeisier et acoler
S'alassent, einz que afoler;
Qu'il s'antrafolent et mehaingnent,
6110 Les espees rien n'i gaaingnent,
Ne li hiaume ne li escu,
Qui anbarre sont et fandu,
Et des espees li tranchant
Esgrunent et vont rebouchant;
6115 Car il se donent si granz flaz
Des tranchanz, non mie des plaz,
Et des pons redonent tex cos
Sor les nasex et sor les dos
Et sor les fronz et sor les joes,
6120 Que totes sont perses et bloes

*

6098—6514. Vergl. Hartmann, z. 7075—7804.

6107. Vergl. die anmerkung zu z. 2448. In unseres dichters erzähluug von Erec (ausgabe von Bekker, s. 535) heißt es z. 6309: Si s'entrebaisent et acolent. Ebenso verbunden finden sich die beiden verba im Roman de Gilles de Chyn (ausgabe von Reiffenberg, s. 132):

z. 3813 Moult s'entrebaisent durement
Et acolent estroitement.

6112. Vergl. oben, z. 5574. In B lautet diese zeile nach Guest. I. s. 206ᵇ: Qui brisie sont et porfendu.

6116. Vergl. oben, z. 4205.

6117. 6118. Diese zeilen lauten in B, nach Guest:

Et des ponz redonent tex coux
Sor les nasiaus et sor les coux.

La, ou li sans quace desoz,
Et les haubers ont si deroz
Et les escuz si depeciez,
N'i a celui ne soit bleciez,
6125 Et tant se painnent et travaillent,
A po, qu'alainnes ne lor faillent.
Si se combatent une chaude,
Que jagonce ne esmeraude
N'ot sor lor hiaumes atachiee,
6130 Ne soit molue et arachiee;
Car des pons si granz cos se donent
Sor les hiaumes, que tuit s'estonent,
Et par po, qu'il ne s'escervelent.
Li oel des chies lor estancelent;
6135 Qu'il ont les poinz quarrez et gros
Et forz les ners et durs les os,
Si se donent males groigniees
A ce qu'il tienent anpoigniees
Les espees, qui grant aie
6140 Lor font, quant il fierent a hie.
Quant grant piece se sont lasse,
Tant que li hiaume sont quasse
Et li escu fandu et fret,
Un po se sont arrieres tret,
6145 Si lessent reposer lor vainnes   Bl. 102 f.

*

6128. jagonce, d. h. hyacinth, hyacinthus, mittellateinisch jacintus, mhd. jâchant. Vergl. Wilhelm Wackernagel, Die umdeutschung fremder wörter. Basel. 1861. 4. (Programm zu der promotionsfeier des pædagogiums in Basel. 29. april 1861.) s. 23, anmerkung 2.

6132. Vergl. oben, z. 862.

6141. Statt Quant hat A: Vant.

6142. Nach dieser zeile hat B, nach Guest. I. s. 207 a, folgendes:

Et li hauberc tuit desmaillie,
Tant ont des espees mailliee,
Li escu sont fendu et frait.

6144. Vergl. oben, z. 4464. 4465. 4467.

Et si repranent lor alainnes;
Mes n'i font mie grant demore,
Einz cort li uns a l'autre sore
Plus fierement, qu'ainz mes ne firent,
6150 Et tuit dient, que mes ne virent
.II. chevaliers plus corageus.
„Ne se conbatent mie a geus,
Einz le font asez trop a certes,
Les merites et les desertes
6155 Ne lor an seront ja rendues."
Ces paroles ont entandues
Li dui ami, qui s'antrafolent,
Et s'antendent, que il parolent
Des deus serors antracorder;
6160 Mes la pes ni pueent trover
Devers l'ainznee an nule guise,
Et la mainsnee s'estoit mise
Sor ce, que li rois an diroit;
Que ja rien n'en contrediroit;
6165 Mes l'ainznee estoit si anrievre,
Que nes la reine Ganievre
Et cil, qui savoient lor lois,
Et li chevalier et li rois
Devers la mainsnee se tienent,
6170 Et tuit le roi proier an vienent,
Que maugre l'ainznee seror
Doint de la terre a la menor
La tierce partie ou la quarte
Et les .II. chevaliers departe.
6175 „Que molt sont de grant vaselage,
Et trop i auroit grant domage,
Se li uns d'ax l'autre afoloit
Ne point de s'enor li toloit."

*

6152. Vergl. nachher, z. 6175 und die anmerkung zu z. 3905.

6165. enrievre erklärt Roquefort, Supplément au glossaire de la langue romane. Paris. 1820. 8. s. 131, durch: dur, coriace.

Et li rois dit, que de la pes
6180 Ne s'antremetra il james;
Que l'ainznee suer n'en a cure,
Tant par est male criature.
Totes ces paroles oirent
Li dui, qui des cors s'antranpirent
6185 Si, qu'a toz vient a grant mervoille;
Et la bataille est si paroille,
Que l'en ne set par nul avis,
Qui n'a le mialz, ne qui le pis.
Mes li dui, qui si se conbatent, Bl. 103ᵃ.
6190 Que par martire enor achatent,
Se mervoillent et esbaissent;
Que si par igal s'anvaissent,
Qu'a grant mervoille a chascun vient,
Qui cil est, qui se contretient
6195 Ancontre lui si fieremant.
Tant se conbatent longuemant,
Que li jorz vers la nuit se tret,
Ne il n'i a celui, qui n'et
Le braz las et le cors doillant
6200 Et li sanc tuit chaut et boillant
Par mainz leus fors des cors lor bolent,
Qui par desoz les haubers colent.
N'il n'est mervoille, s'il se vuelent
Reposer; car forment se duelent.
6205 Lors se reposent anbedui,
Et puis panse chascuns por lui,
C'or a il son paroil trove,
Comant qu'il li ait demore;
Longuemant andui se reposent;
6210 Que rasanbler as armes n'osent,
N'ont plus de la bataille cure
Que por la nuit, qui vient oscure,
Que por ce que molt s'antredotent.
Ces .II. choses an .II. les botent.

*

6205—6210 einschließlich fehlen B, nach Guest. I. s. 207ᵇ.

6215 Et semonent, qu'an pes s'estoisent;
Mes eincois que del champ s'an voisent,
Se seront bien antracointie,
S'aura entr'ax joie et pitie.
Mes sire Yvains parla eincois,
6220 Qui molt estoit preuz et cortois;
Mes au parler nel reconut
Ses boens amis, et ce li nut,
Qu'il avoit la parole basse
Et la voiz roe et foible et quasse;
6225 Que toz li sans li fu meuz
Des cos, qu'il avoit receuz.
„Sire," fet il, „la nuiz aproche,
Ja, ce cuit, blasme ne reproche
N'en auroiz, se l'en nos depart,
6230 Mes tant di de la moie part,
Que molt vos dot et molt vos pris.
N'onques en ma vie n'enpris
Bataille, dont tant me dousisse,   Bl. 103 b.
Ne chevalier, que je vousisse
6235 Tant veoir ne tant acointier;
A merevoilles vos puis prisier;
Que vaincuz me cuidai veoir.
Bien savez vos cos aseoir
Et bien les savez auploier;
6240 Einz tant ne sot de cos paier
Chevaliers, que je coneusse;
Ja mon vuel tant n'an receusse,
Com vos m'an avez hui preste,
Tot m'ont vostre cop anteste."
6245 „Par foi", fet mes sire Gauvains,
„N'iestes si estonez ne vains,
Que je autant ou plus ne soie,
Et se je vos reconoissoie,
Espoir ne me greveroit rien.

*

6246. Vergl. oben, z. 862.
6249. ne vos B, nach Guest. I. s. 208 a.

6250 Se je vos ai preste del mien,
Bien m'en avez randu le conte
Et del chetel et de la monte;
Que larges estiez del rendre
Plus, que je n'estoie del prendre.
6255 Mes comant que la chose praingne,
Quant vos plest, que je vos apraingne,
Par quel non je sui apelez,
Ja mes nons ne vos iert celez:
Gauvains ai non, filz au roi Lot."
6260 Quant Yvains ceste novele ot,
Si s'esbaist et espert toz,
Par mautalant et par corroz
Flati a la terre s'espee,
Qui tote estoit ansanglantee,
6265 Et son escu tot depecie;
Si descent del cheval a pie
Et dit: „Ha, las! Quel mescheance!
Par trop leide mesconoissance
Ceste bataille feite avomes;
6270 Qu'antreconeu ne nos somes;
Que ja, se je vos coneusse,
A vos combatuz ne me fusse,
Einz me clamasse a recreant
Devant le cop, ce vos creant."
6275 „Comant?" fet mes sire Gauvains,

*

6252. dou chatel B, nach Guest.

6259. lou roi B, nach Guest. Man vergl. oben, z. 1016. 1818. Den könig Lot bezeichnet Wolfram im Parzival (ausgabe von Lachmann, s. 42ᵃ) folgendermaßen:
Lôt von Norwæge,
gein valscheit der træge
und der snelle gein dem prîse,
der küene degen wîse.

6263. Flatist B, nach Guest.

6264. ansanglante A. ensanglantee B, nach Guest.

„Qui estes vos?" „Je sui Yvains,
Qui plus vos aim, c'ome del monde, Bl. 103 c.
Tant com il dure a la reonde;
Que vos m'avez ame toz jorz
6280 Et enore an totes corz.
Mes je vos voel de cest afeire
Tel amande et tel enor feire,
C'outreement vaincuz m'otroi."
„Ice feriez vos por moi?"
6285 Fet mes sire Gauvains, li douz,
„Certes, molt seroie or estouz,
Se ge ceste amande an prenoie;
Ja ceste enors ne sera moie,
Einz iert vostre, je la vos les."
6290 „Ha! Biax sire, nel dites mes!
Que ce ne porroit avenir.
Je ne me puis mes sostenir,
Si sui atainz et sormenez."
„Certes, de neant vos penez,"
6295 Fet ses amis et ses compainz,
„Mes je sui vaincuz et atainz,
Ne je n'en di rien por losange;
Qu'il n'a el monde si estrange,
Que je autretant n'an deisse,
6300 Eincois que plus des cos sofrisse."
Einsi parlant sont descendu,

*

6276—6280. Vergl. oben, z. 2286—2290.

6277. Que A.

6278. a le A. a la roonde B, nach Guest. I. s. 208 b. Man vergl. Burguy, Grammaire de la langue d'oïl. III. s. 329, unter dem worte roönd.

6285. Vergl. die anmerkung zu z. 3691.

6289. 6290 fehlen in B, nach Guest.

6295. 6296 fehlen in B, nach Guest.

6301. est descenduz B, nach Guest. — Yvain ist schon früher abgestiegen, vergl. oben, z. 6266. Nimmt man an, daß ihm

S'a li uns a l'autre tandu
Les braz au col, si s'antrebeisent,
Ne por ce mie ne se teisent,
6305 Que chascuns oltrez ne se claint.
La tancons onques ne remaint,
Tant que li rois et li baron
Vienent corrant tot anviron,
Ses voient antreconjoir
6310 Et molt desirrent a oir,
Que ce puet estre et qui cil sont,
Qui si grant joie s'antrefont.
„Seignor", fet li rois, „dites nos,
Qui a si tost mis antre vos
6315 Ceste amistie et ceste acorde;
Que tel haine et tel descorde
J'ai hui tote jor veue!"
„Sire, ja ne vos iert teue",
Fet mes sire Gauvains, ses nies,
6320 „La mescheance et li meschies,   Bl. 103ᵈ.
Don ceste bataille a este;
Des que or estes areste
Por l'oir et por le savoir,
Bien iert, qui vos an dira voir.
6325 Je, qui Gauvains, vostre nies, sui,
Mon compaignon ne reconui,
Mon seignor Yvain, qui est ci,
Tant que il, la soe merci,
Si com deu plot, mon non enquist.
6330 Li uns son non a l'autre dist,
Lors si nos antreconeumes,
Quant bien antrebatu nos fumes;
Bien nos somes antrebatu,
Et se nos fussiens conbatu
6335 Encore .I. po plus longuemant,
Il m'en alast trop malemant;

*

Gauvain hierin während des gespräches gefolgt, so wird die lesart von A keinen anstoß erregen.

Que, par mon chief, il m'eust mort
Par sa proesce et par le tort
Celi, qui m'avoit el chanp mis;
6340 Mes mialz voel je, que mes amis
M'ait oltre d'armes, que tue."
Lors a trestot le san mue
Mes sire Yvains et si li dit:
„Biax sire chiers, se dex m'ait,
6345 Trop avez grant tort de ce dire;
Mes bien sache li rois, mes sire,
Que je sui de ceste bataille
Oltrez et recreanz sanz faille."
„Mes ge!" „Mes ge!" fet cil et cil;
6350 Tant sont andui franc et gentil,
Que la victoire et la querone
Li uns a l'autre otroie et done;
Ne cist ne cil ne la vialt prendre,
Einz fet chascuns par force entendre
6355 Au roi et a totes ses genz,
Qu'il est oltrez et recreanz.
Mes il rois la tancon depiece,
Quant oiz les ot une piece,
Et li oirs molt li pleisoit
6360 Et ce avoec, que il veoit,
Qu'il s'estoient entracole.
S'avoit li uns l'autre afole
Molt leidement an plusors leus.
„Seignor", fet il, „antre vos deus
6365 A grant amor, bien le mostrez, Bl. 103[e]
Quant chascuns dit, qu'il est oltrez.

*

6339. Vergl. J. Grimm, Deutsche rechtsaltertümer. s. 927—930.

6342. sanc B, nach Guest. I. s. 209[a]. Man vergl. Gerard de Viane (bei I. Bekker, Der roman von Fierabras, s. xxvIII. Burguy, Grammaire de la langue d'oïl. I. s. 66):

z. 1534 Li rois l'oit, toz li sans li mua.

6351. corone B, nach Guest.

Mes or vos an metez sor moi!
Et jes acorderai, ce croi,
Si bien, qu'a voz enors sera,
6370 Et toz siegles m'an loera."
Lors ont andui acreante,
Qu'il an feront sa volante
Tot ensi, com il le dira.
Et li rois dit, qu'il partira
6375 A bien et a foi la querele.
„Ou est", fet il, „la dameisele,
Qui sa seror a fors botee
De sa terre et deseritee
Par force et par male merci?"
6380 „Sire", fet ele, „je sui ci."
„La estes vos? Venez donc ca!
Je le savoie bien pieca,
Que vos la deseriteiez;
Ses droiz ne sera plus noiez;
6385 Que coneu m'avez le voir.
La soe part par estovoir
Vos covient tote clamer quite."
„Ha! Sire rois, se je ai dite
Une response nice et fole,
6390 Volez m'an vos metre a parole?
Por deu, sire, ne me grevez!
Vos estes rois, si me devez
De tort garder et de mesprendre!"
„Por ce", fet li rois, „voel je rendre
6395 A vostre seror sa droiture;

*

6368. je ramenderai B, nach Guest. I. s. 209 b.

6385. Die ältere schwester hat ihr unrecht dadurch zugegeben, daß sie den vorwurf des königs (z. 6376—6379) ohne einwendung entgegengenommen.

6389. Vergl. die anmerkung zu z. 1565. Die törichte antwort ist die in z. 6380 dem könige ohne erwiderung auf seine beschuldigung gegebene entgegnung: „Sire, je sui ci."

6390. Volez me vos prendre a parole B, nach Guest.

C'onques de tort feire n'oi cure,
Et vos avez bien antendu,
Qu'an ma merci se sont randu
Vostres chevaliers et li suens;
6400 Ne dirai mie toz voz buens;
Que vostre torz est bien seuz.
Chascuns dit, qu'il est chanp cheuz,
Tant vialt li uns l'autre enorer;
A ce n'ai ge que demorer.
6405 Des que la chose est sor moi mise,
Ou vos feroiz a ma devise
Tot quanque ge deviserai,
Sanz feire tort, ou ge dirai,
Que mes nies est d'armes conquis. Bl. 103 f.
6410 Lors si vaudra a vostre oes pis,
Mes jel di or contre mon cuer."
Il ne le deist a nul fuer,
Mes il le dit por essaier,
S'il la porroit tant esmaier,
6415 Qu'ele randist a sa seror
Son heritage par peor;
Qu'il s'est aparceuz molt bien,
Que ele ne l'en randist rien
Por quanque dire li seust,
6420 Se force ou crieme n'i eust.
Por ce, que ele dote et crient,

*

6400. Burguy, Grammaire de la langue d'oïl. II. s. 190, führt aus der altfranzösischen übersetzung der vier bücher der könige folgende ähnliche stelle an: face de mei tut sun bon, d. h. faciat quod bonum est coram se. Man vergl. auch Burguy, III. s. 46.

6402. encheuz B, nach Guest.

6409. D. h. Gauvain.

6410. Vergl. nachher, z. 6579.

6411. Mes jel dire contre mon cuer B, nach Guest. I. s. 210 a.

6421. Force A. Por ce qu'ele le doute B, nach Guest.

Li dit: „Biax sire, or me covient,
Que je face vostre talant,
Mes molt en ai le cuer dolant;
6425 Que jel ferai, que qu'il me griet.
S'aura ma suer ce, que li siet
De la part de mon heritage.
Vostre cors li doing en ostage
Por ce, que plus seure an soit."
6430 „Revestez l'an tot orendroit!"
Fet li rois, „Et ele deveingne
Vostre fame et de vos la teingne;
Si l'amez come vostre fame,
Et ele vos come sa dame
6435 Et come sa seror germainne!"
Li rois einsi la chose mainne,
Tant que de sa terre est seisie
La pucele, qui l'en mercie.
Et li rois dit a son neveu,
6440 Au chevalier vaillant et preu,
Que les armes oster se lest,
Et mes sire Yvains, se lui plest,

*

6428. Vergl. oben, z. 2382. Man vergl. ferner J. Grimm, Deutsche grammatik. IV. s. 297. F. Diez, Grammatik der romanischen sprachen. III. Zweite ausgabe. s. 62. 63. Burguy, Grammaire de la langue d'oïl. I. s. 136. — In B lautet diese zeile nach Guest: Li doing vos meisme en hostage. Man vergleiche auch folgende stellen aus Huon de Bordeaux, ausgabe von F. Guessard und C. Grandmaison, s. 127:

Droit a Bordiaus, par foi, fu mes cors ne.
. . . .
s. 150. Droit a Bordele, certes, fu mes cors nes.
. . . .
s. 151. S'encanterie ne canque ses cors set
Ne me pot onqes ne tant ne quant grever.
. . . .
s. 222. Dist le pucele: „Mes pere est fos proves;
„Que, par chelui qui je doi aourer,
„Ja si biaus hom n'ert par mon cors tue,
„Ains me lairai a lui mate clamer."

Se relest les soes tolir;
Car bien s'an pueent mes sofrir.
6445 Lors sont desarme li vasal,
Si s'antrebeisent par igal;
Et que que il s'antrebeisoient,
Le lyon corrant venir voient,
Qui son seignor querant aloit;
6450 Tot maintenant, que il le voit,
Si comance grant joie a feire;
Lors veissiez genz arriers treire,
Trestoz li plus hardiz s'anfuit. Bl. 104ᵃ.
„Estez", fet mes sire Yvains, „tuit!
6455 Por coi fuiez? Nus ne vos chace.
Ne doutez ja, que mal vos face
Li lyeons, que venir veez,
De ce, s'il vos plest, me creez!
Qu'il est a moi et je a lui,
6460 Si somes compaignon andui."
Lors sorent trestuit cil de voir,
Qui orent oi mantevoir
Les aventures au lyeon,
De lui et de son compaignon,
6465 C'onques ne fu autres, que cist,
Qui le felon jaiant ocist.
Et mes sire Gauvains li dist:
„Sire compainz, se dex m'aist,
Molt m'avez bien avileni;
6470 Malveisement vos ai meri
Le servise, que me feistes
Del jaiant, que vos oceistes
Por mes neveuz et por ma niece.

*

6448. Vergl. die anmerkung zu z. 5916.

6452. 6453. Vergl. oben, z. 3781. 3782.

6466. Vergl. oben, z. 4174—4239. Die beiden zeilen 6466. 6467 fehlen in B, nach Guest. I. s. 210ᵇ.

6469. Vos m'avez hui bien escharni B, nach Guest.

6470. meri B, nach Guest. merci A.

Molt ai panse a vos grant piece,
6475 Mes apanser ne me savoie,
N'onques oi parler n'avoie
De chevalier, que je seusse,
An terre, ou je este eusse,
Qui li chevaliers au lyeon
6480 Fust apelez an sorenon."
Desarmé sont ensi parlant;
Et li lyeons ne vint pas lant
Vers son seignor la, ou il sist.
Quant devant lui vint, si li fist
6485 Grant joie come beste mue.
En anfermerie ou an mue
Les an covient an .II. mener;
Car a lor plaies resener
Ont mestier de mire et d'antret.
6490 Devant lui mener les an fet
Li rois, qui molt chiers les avoit;
.I. fisicien, que savoit
De mirgie plus, que nus hom,
Fist mander rois Artus adonc,

*

6474. Auf diese zeile folgt in B, nach Guest. I. s. 210 ᵇ:
Et por ce estoie [ie] angoisseus,
Que l'en disoit, qu'entre nos deus
Avoit amor et acointance.
Molt i ai pense sanz dotance. .

6479. Vergl. die anmerkung zu z. 4283.

6483. 6484. Vergl. die anmerkung zu z. 5933. 5934.

6489. Vergl. J. Grimm, Deutsche mythologie. II. s. 1103, anmerkung 4.

6492. Statt des einfachen fisicien gebraucht Benoit mire fisicien. Man vergl. Benoit, Chronique des ducs de Normandie, publiée par Fr. Michel. III. Paris. 1844. 4. s. 146:
z. 35991 D'un buen mire fisicien
De grant valor e de grant sen
Out pris puison.

6494. rois Artus ohne artikel. Vergl. F. Diez, Grammatik der romanischen sprachen. III. Zweite ausgabe. s. 36. 37.

6495 Et cil del garir se pena,
Tant que lor plaies lor sena
Au mialz et au plus tost, qu'il pot. Bl. 104ʰ·
Qant anbedeus gariz les ot,
Mes sire Yvains, qui sanz retor
6500 Avoit son cuer mis en amor,
Vit bien, que durer n'i porroit
Et por amor an fin morroit,
Se sa dame n'avoit merci
De lui, qui se moroit ensi,
6505 Et panse, qu'il se partiroit
Toz seus de cort et si iroit
A sa fontainne guerroier,
Et si feroit tant foudroier
Et tant vanter et tant plovoir,
6510 Que par force et par estovoir
Li covanroit feire a lui pes,
Ou il ne fineroit james,
De la fontainne tormanter
Et de plovoir et de vanter.

6515 Maintenant que mes sire Yvains
Santi, qu'il fu gariz et sains,
Si s'an parti, que nus nel sot;
Mes son lyeon avoec lui ot,
Qui onques en tote sa vie
6520 Ne volt lessier sa compaignie.
Puis errerent, tant que il virent
La fontainne et plovoir i firent.
Ne cuidiez pas, que je vos mante,
Que si fu fiere la tormante,
6525 Que nus n'an conteroit le disme;
Qu'il sanbloit, que jusqu'an abisme
Deust fondre la forez tote.
La dame de son chastel dote,
Que il ne fonde toz ansanble;
6530 Li mur croslent et la torz tranble

6515—6801. Vergl. Hartmann, z. 7805—8158.

Si, que par po, qu'ele ne verse.
Mialz volsist estre pris an Perse
Li plus hardiz antre les Turs,
Que leanz estre antre les murs.
6535 Tel peor ont, que il maudient
Lor ancessors et trestuit dient:
„Maleoiz soit li premiers hom,
Qui fist an cest pais meison,
Et cil, qui cest chastel fonderent!
6540 Qu'an tot le monde ne troverent
Leu, que l'an doie tant hair;   Bl. 104 c.
C'uns seus hom le puet envair
Et tormanter et traveillier!"
„De ceste chose conseillier
6545 Vos covient, dame!" fet Lunete;
„Ne troveroiz, qui s'antremete
De vos eidier a cest besoing,
Se l'en nel va querre molt loing.
James, voir, ne reposerons
6550 Au cest chastel, ne n'oserons
Les murs ne la porte passer.
Qui auroit toz fez amasser
Voz chevaliers por cest afeire,
Ne s'an oseroit avant treire
6555 Toz li miaudres, bien le savez.
S'est or ensi, que vos n'avez,
Qui desfande vostre fontainne;
Si sanbleroiz fole et vilainne.
Molt bele enor i auroiz ja,
6560 Quant sanz bataille s'an ira
Cil, qui si vos a asaillie!
Certes, vos estes malbaillie,
S'autremant de vos ne pansez."
„Tu", fet la dame, „qui tant sez,
6565 Me di, comant j'en panserai,

*

6546—6563. Vergl. die anmerkung zu z. 1630—1639.
6555. bien bien A.

Et ge an toz leus le ferai."
„Dame, certes, se je savoie,
Volantiers vos conseilleroie;
Mes vos auriez grant mestier
6570 De plus resnable conseillier.
Por ce si ne m'an os mesler
Et le plovoir et le vanter
Avoec les autres sosferre
Tant, se deu plest, que je verre
6575 En vostre cort aucun preudome,
Qui prendra le fes et la some
De ceste bataille sor lui ;
Mes je ne cuit, que ce soit hui,
Si en vaudra pis a vostre oes."
6580 Et la dame li respont lues:
„Dameisele, car parlez d'el!
Car il n'a gent an mon ostel,
An cui ge aie nule atandue,
Que ja par aus soit desfandue
6585 La fontainne ne li perrons.   Bl. 104 d.
Mes, se deu plest, or i verrons
Vostre consoil et vostre san;
Qu'au besoing, toz jorz le dit an,
Doit an son ami esprover."
6590 „Dame, qui cuideroit trover
Celui, qui le jaiant ocist
Et les .III. chevaliers conquist,

*

6566. Et je a ton los en ferai B, nach Guest. I. s. 211 b.

6571. 6572 fehlen in B, nach Guest. I. s. 212 a.

6579. Si vaudra pis a oes vostre oes A. Si en vaudra pis a vostre ues B, nach Guest. Vergl. oben, z. 6410.

6581. Die herrin wechselt wider wie früher (man sehe die anmerkung zu z. 1795) in der unterredung mit Lunete zwischen du und ihr. Vergl. vorhin, z. 6564.

6582—6585. Vergl. die anmerkung zu z. 1630—1639.

6584. Qui A. Ich habe dafür Que gesetzt.

6591. 6592. Vergl. oben, z. 4174—4236. 4406—4550.

Il le feroit boen aler querre;
Mes tant, com il aura la guerre
6595 Et l'ire et le mal vers sa dame,
N'a en cest mont home. ne fame,
Cui il siuest mien esciant,
Tant que il le jurt et fiant,
Qu'il fera tote sa puissance
6600 De racorder la mescheance,
Que sa dame a si grant a lui,
Qu'il an muert de duel et d'enui."
Et la dame dit: „Je sui preste,
Einz que vos entroiz an la queste,
6605 Que je vos plevisse ma foi
Et jurerai, s'il vient a moi,
Que je sanz guile et sanz feintise
Li ferai tot a sa devise
Sa pes, se je feire la puis."
6610 Et Lunete li redit puis:
„Dame, de ce ne dot ge rien,
Que vos ne li puissiez molt bien
Sa pes feire, se il vos siet;
Mes del seiremant ne vos griet,
6615 Que je le panrai tote voie,
Einz que je me mete a la voie."
„Ce", fet la dame, „ne me poise."
Lunete, qui molt fu cortoise,
Li fist isnelemant fors traire
6620 .I. molt precieus santuaire,

*

6598. le jurt B, nach Guest. le fehlt A.

6600. mesestance B, nach Guest.

6610 fehlt in B, nach Guest.

6620. Vergl. J. Grimm, Deutsche rechtsaltertümer, s. 140. 141. 896. 902. 903. Man vergleiche auch folgende stelle der Chronique des ducs de Normandie von Benoit (ausgabe von F. Michel. I. s. 582):

z. 14525 Chers dux, e u est dunc le vo,
        Les serremenz c'unquor n'a gaires

Et la dame a genolz s'est mise;
Au geu de la verte l'a prise
Lunete molt cortoisemant.
Al eschevir del seiremant
6625 Rien de son preu n'i oblia
Cele, qui eschevi li a.
„Dame", fet ele, „hauciez la main!
Je ne voel pas, qu'apres demain
M'an metoiz sus ne ce ne quoi; Bl. 104 c.
6630 Que vos n'an feites rien por moi,
Por vos meismes le feroiz;
Se il vos plest, si jureroiz
Por le chevalier au lyeon,
Que vos en boene antencion
6635 Vos peneroiz, tant qu'il saura,
Que le boen cuer sa dame aura
Tot autresi, com il ot onques."
La main destre leva adonques
La dame et dit: „Trestot einsi,
6640 Com tu l'as dit, et je le di,
Que si m'aist dex et li sainz,
Que ja mes cuers ne sera fainz,
Que je tot mon pooir n'en face.
L'amor li randrai et la grace,
6645 Que il sialt a sa dame avoir,
Puis que j'en ai force et pooir."

*

Li feis sor les saintuaires
De ta main destre, mun veiant?

Man sehe auch Burguy, Grammaire de la langue d'oïl. II. s. 296. Man vergl. ferner G. K. Frommann, Herborts von Fritslâr Liet von Troye, s. 229. 230, zu z. 956.

6627. Vergl. W. Grimm, Exhortatio ad plebem Christianam u. s. w. Berlin. 1848. 4. s. 60.

6629. metre sus erklärt Burguy, Grammaire de la langue d'oïl. II. s. 178, durch: charger qqn. de qqch., imputer; s'en rapporter à un arbitre. Man vergl. auch nachher, z. 6708.

6637. Ausi bien come il l'ot onques B, nach Guest. I. s. 212 b.

Or a bien Lunete esploite,
De rien n'avoit tel covoitie
Come de ce, qu'ele avoit fet.
6650 Et l'en li avoit ja fors tret
.I. palefroi soef anblant;
A bele chiere, a lie sanblant
Monte Lunete, si s'an va,
Tant que delez le pin trova
6655 Celui, qu'ele ne cuidoit pas
Trover a si petit de pas;
Einz cuidoit, qu'il li covenist
Molt querre, eincois qu'a lui venist.
Par le lyeon l'a coneu
6660 Tantost, com ele l'a veu.
Si vint vers lui grant aleure
Et descent a la terre dure.
Et mes sire Yvains la conut
De si loing, com il l'aparcut;
6665 Si la salue et ele lui
Et dit: „Sire, molt liee sui,
Quant je vos ai trove si pres."
Et mes sire Yvains dit apres:
„Comant? Queriez me vos donques?"
6670 „Oïl voir, et si ne fui onques
Si liee, des que je fui nee;
Que j'ai ma dame a ce menee,
Que tot ausi, com ele siaut,   Bl. 104 f.
S'ele parjurer ne se viaut,
6675 Iert vostre dame et vos ses sire;
Por verite le vos puis dire."
Mes sire Yvains formant s'esjot
De la mervoille, que il ot;
Ce qu'il ja ne cuidoit oir,
6680 Ne puet pas asez conjoir;

*

6678. De la novele B, nach Guest. I. s. 213 a.
6680—6682 lauten in B, nach Guest:

Les ialz beisa et puis le vis
Celi, qui ce li a porquis,
Et dit: „Certes, ma dolce amie,
Ce ne vos porroie je mie
6685 Guerredoner en nule guise;
A vos feire enor et servise
Criem, que pooirs ou tans me faille."
„Sire", fet ele, „or ne vos chaille,
Ne ja n'en soiez an espans!
6690 Qu'assez auroiz pooir et tans,
A feire bien moi et autrui.
Se je ai fet ce, que je dui,
Si m'an doit an tel gre savoir,
Com celi, qui autrui avoir
6695 Anprunte et puis si le repaie;
N'encor ne cuit, que je vos aie
Randu ce, que je vos devoie."
„Si avez fet, se dex me voie,
A plus de .v.c. mile droiz."
6700 „Or en irons tost, qu'il est droiz."
„Et avez li vos dit de moi,
Qui je sui?" „Naie, par ma foi,
Ne ne set, comant avez non,
Se chevaliers au lyeon non."

6705 Ensi s'an vont parlant ades,
Et li lyeons toz jorz apres,

*

Lunete prist a conjoir,
Cele, qui ce lui a porquis,
Les eus li baise et puis le vis. . .

6682. que A.

6686. Vergl. die verbindung derselben worte oben, z. 1000. 1011.

6699. Vergl. oben, z. 1959 und nachher, z. 6783.

6700. Or en irons, quant vos voudroiz B. nach Guest. I. s. 213 b.

6706. Vergl. oben, z. 3763.

Tant qu'au chastel vindrent tuit troi;
Einz ne distrent ne ce ne quoi
Es rues n'a home n'a fame,
6710 Tant qu'il vindrent devant la dame.
Et la dame molt s'esjoi,
Tantost com la novele oi
De sa pucele, qui venoit,
Et de ce, que ele amenoit
6715 Le lyeon et le chevalier,
Qu'ele voloit molt acointier
Et molt conoistre et molt veoir.   Bl. 105ᵃ
A ses piez s'est lessiez cheoir
Mes sire Yvains, trestoz armez;
6720 Et Lunete, qui fu delez,
Li dit: „Dame, relevez l'an
Et metez force et poinne et san
A la pes querre et au pardon,
Que nus ne li puet, se vos non,
6725 En tot le monde porchacier!"
Lors la fet la dame drecier
Et dit: „Mes pooirs est toz suens;
Sa volente feire et ses buens
Voldroie molt, que je poisse."
6730 „Certes, dame, ja nel deisse",
Fet Lunete, „s'il ne fust voirs:
Toz an est vostres li pooirs
Assez plus, que dit ne vos ai;
Mes desormes le vos dirai,
6735 La verite si la sauroiz:
Einz n'eustes, ne ja n'auroiz
Si boen ami, come cestui.
Dex, qui vialt, qu'antre vos et lui
Ait boene pes et boene amor,
6740 Tel, qui ja ne faille a nul jor,

*

6708. Vergl. oben, z. 6629.
6726. le fet B, nach Guest.
6734. vos en dirai B, nach Guest.

Le m'a hui fet si pres trover;
Ja a la verite prover
N'i covient autre reson dire.
Dame, pardonez li vostre ire!
6745 Que il n'a dame autre, que vos:
C'est mes sire Yvains, vostre espos."
A cest mot la dame tressaut
Et dit: „Se dame dex me saut,
Bien m'as or au hoquerel prise;
6750 Celui, qui ne m'aimme ne prise,
Me feras amer maugre mien.
Or as tu esploitie molt bien,
Or m'as tu molt an gre servie!
Mialz volsisse tote ma vie
6755 Vanz et orages endurer,
Et s'il ne fust de parjurer,
(Trop leide chose et trop vilainne,)
James a moi por nule painne
Pes ne acorde ne trovast,
6760 Toz jorz mes el cors me covast,   Bl. 105 b.
Si com li feus cove an la cendre,
Ce dont ge ne voel ore aprendre,
Ne ne me chaut del recorder,
Des qu'a lui m'estuet acorder."
6765 Mes sire Yvains ot et antant,
Que ses afeires si bien prant,
Qu'il aura sa pes et s'acorde,
Et dist: „Dame, misericorde
Doit an de pecheor avoir.
6770 Conpare ai mon nonsavoir
Et je le voel bien conparer;

*

6743. rescondire A. reson dire B, nach Guest. I. s. 214 a.

6745. 6746. Diese beiden zeilen fehlen B, nach Guest.

6749. hoquelet B, nach Guest. — Vielleicht können hocler, hocqueller, hoquelle, bei Roquefort, Glossaire de la langue romane. I. s. 755. 759, zur erklärung führen.

6762. Ce dont me vueil ore reprendre B, nach Guest.

Folie me fist demorer,
Si m'an rant corpable et forfet;
Et molt grant hardemant ai fet,
6775 Qant devant vos osai venir;
Mes s'or me volez retenir,
James ne vos forferai rien."
„Certes", fet ele, „je voel bien,
Por ce que parjure seroie,
6780 Se tot mon pooir n'en feisoie,
La pes feire antre vos et moi.
S'il vos plest, je la vos otroi."
„Dame", fet il, „.v.c. merciz!
Et si m'aist sainz esperiz,
6785 Que dex an cest siegle mortel
Ne me feist pas si lie d'el!"

Or a mes sire Yvains sa pes,
Et poez croire, c'onques mes
Ne fu de nule rien si liez.
6790 Comant qu'il ait este iriez,
Molt an est a boen chief venuz;
Qu'il est amez et chier tenuz
De sa dame et ele de lui;
Ne li sovient de nul anui;

*

6781. De pais fere B, nach Guest. I. s. 214 b.

6783. Vergl. oben, z. 1959. 6699. — Die beiden zeilen 6783. 6784 lauten in B, nach Guest:
Dame, vostre merciz en renz.
Einsint m'aist sainz Juliens. . .

6784. Vergl. oben, z. 273. 4460. 4984. 5448.

6787—6806. Diese stelle sehe man nach der vaticanischen handschrift bei A. Keller, Li romans dou chevalier au leon, bruchstücke aus einer vaticanischen handschrift, s. 20; Romvart, s. 575.

6794. sovient or de nelui A. — sovient de nul anui vaticanische hs., bei A. Keller, Romvart, s. 575. 11. — sovient de nul ennui B, nach Guest.

6795 Que par la joie l'antroblie,
Que il a de sa dolce amie.
Et Lunete rest molt a eise,
Ne li faut chose, qui li pleise,
Des qu'ele a fet la pes sanz fin
6800 De mon seignor Yvain, le fin,
Et de s'amie chiere et fine.

Del chevalier au lyeon fine
Crestiens son romans ensi;
N'onques plus conter n'en oi,
6805 Ne ja plus n'en orroiz conter, Bl. 105ᶜ.
S'an n'i vialt manconge ajoster.
Explycit li chevaliers au lyeon.

*

6795. Car por la joie les oublie vaticanische hs., bei A. Keller, Romvart, s. 575. 12. — Et por la grant joie l'oublie B, nach Guest.

6803. Toz li romanz, sachiez, ici vaticanische handschrift, bei A. Keller, a. a. o., s. 575. 20.

6804. C'onques vaticanische hs., bei A. Keller, a. a. o., s. 575. 21; ebenso B, nach Guest.

6806. ajouster vaticanische hs., bei A. Keller, a. a. o., s. 575. 23. — aconter B, nach Guest. — Vergl. Crestien von Troies, s. 170. 171, anmerkung 1. — In der dem herzog von Aumale angehörenden handschrift schließt die dichtung, nach einer mitteilung von C. Hippeau, folgendermaßen:

Del chevalier au lion fine
Chrestiens son romant ensi;
C'onques plus parler n'en oi,
Ne ja plus n'en ores parler,
S'on n'i velt menconge acouter.

Den schluß des englischen Ywaine and Gawin habe ich in meinem buche über Crestien von Troies, s. 190. 191, mitgeteilt. — Auf Explycit li chevaliers au lyeon folgen in A noch nachstehende zeilen:

Cil, qui l'escrist, Guioz a non;
Devant nostre dame del val
Est ses ostex tot a estal.

Vergl. Crestien von Troies, s. 171, anm. 1.

Druck von C. P. Melzer in Leipzig.

www.ingramcontent.com/pod-product-compliance
Lightning Source LLC
Chambersburg PA
CBHW050334170426
43200CB00009BA/1584